中学生・高校生の君たちへ

あきらめないで行こう

滝口 仲秋

本の泉社

中学生・高校生の君たちへ

あきらめないで行こう

まえがきにかえて

中学生・高校生の君たちへ

君に聞いてみたいことがある。

部活や勉強は楽しいか、君の毎日は充実しているか、友だちはたくさんいるか。君には、なりたい自分があるか。なにより、その希望に続く君の明日は見えているか。教えてくれ。


君らは大人でも子どもでもない。社会的にも精神的にも不安定な境界人《きょうかいじん》そのもの。親からの自立はもう少し先のことだろう。

人間の一生における中学・高校時代は、自分探しの時代だろうか。

君は、自分ってどんな人間なのかなんて思ったことはないか？　自分の人生には何が待ち受けているのだろう？　自分が何をやりたいのか？　自分が将来就きたい職業ってなんだろう？　そのためにどんな将来設計図・見取図（進学や就職に向け）をつくればいいのか？

一見無意味にさえ思える日々の繰り返しのなかで、「人はなんのために生きているのか」という漠然《ばくぜん》とした思いや不安を感じたことはないか？

ぼくにも中学・高校の頃には、「今日も一日が過ぎてしまった。この先はどうなっていくのだろう」と日一日過ぎることに恐れを感じていた時期がある。

夢が育《はぐく》めないといわれる時代だ。先のことなんか考えたことがなくてもどうってことはない。だが、小学生のときに描いた将来像に比べ、いま考えることは、いずれ具体的な足がかりになる。なれるかなれないか、かなうかかなわないかの基準ではなく、ふっと興味がわいたこと、やってみたくなったこと、なんでもいい。誰かの意向でなく、いまの君の気持ちを大切に育てて欲しい。やらないうちに「どうせゆとり世代《ゆとりせだい》だから」などとあきらめたりするな。

もし、思うようにいかないこと、困ること、腹の立つこと、出口が見つからないように思えることにぶちあたっても、人生という長いスパンで見れば、どうってことはない。息抜き・遊び・スポーツ・読書・絵画・音楽、勉強、人との出会いもふくめて、中学生・高校生の君が経験することに、無駄なことは一つもないのだ。

いま君に必要なことは、いろんなことに挑戦してみることだとぼくは思う。アンテナはより高く、視野はより広い方がいいが、まずは、一歩を踏み出してみることだ。まぁ、ゆっくりやればよい。

とはいえ、人生には「想定外《そうていがい》」のことも少なくないだろう。

ぼくには、つらくて苦しくて、生きていることさえ投げ出したくなったことがある。立てない・歩けないという難病にかかってしまったのだ。そんなとき、自分と自分の生き方を変えるいくつもの出会いがあった。そのことに気づけるかどうか、いま思えば、生き抜く力というものは、自分という人間の持つ力そのものなのかもしれない。君たちより先に生きてきた者としていえることは、強い志は生きる力になるということだ。

ぶつかって、悩んで、傷ついて、時にはじっと耐えたり、立ち止る。それでいいのだ。後悔しない人間なんていないさ、お互いに未完成なのだから。

弱音をはいても、嘆いても、くよくよしても、わめいても、泣き叫んでもいい。選択・表し方・方法・手段・場所の軌道《きどう》修正はいくらでもできる。

でも、自分の人生の舞台からは、絶対に降りるな。逃げるな、退くな。

君がいまやりたいこと、あるいはやらなければならないことには、強気でぶつかっていけ。そのうち、いつか必ず自分自身を見つけられる。

君の未来は、君自身のもの。そう、Let's try だ。

目次

Ⅲ ぼくの車いす地球めぐりから

文中カット　H・HARUKO

I
中学生・高校生の君たちへ

まず、ぼくのことを話そうか

国立大学の付属《ふぞく》学校に勤めていたぼくは、教師を天職と信じる熱血教師だった。自分で言うのもなんだが、すべて順風満帆《じゅんぷうまんぱん》。病気知らずの元気印そのもの。数学教育のために、全国を飛び回ってもいた。そんなぼくが、「脊髄腫瘍《せきずいしゅよう》」と診断されたのは三四歳のときだった。なにしろ、一番驚いたのはぼくだった。

《一〇万人に一人か二人しかかからない難病《なんびょう》》だというのだ。それでも、治ると信じていたときはよかった。ところが、「一生車椅子のぶらぶら人間だ」と宣告され、治るどころか、一歩も歩けなくなってしまったのだ。

ぼくの人生の再出発は、そこから始まるのだが、その前に、ぼくがどんな人間なのか話そうか。

ぼくは、一九三六年一〇月二二日、千葉県の農家《のうか》の三男四女の末っ子として生まれた。父はぼくが小学校入学前（五歳）にガンで死んだ。大東亜《だいとうあ》戦争が終わったのは、当時の国民学校三年のときだった。戦中、戦後の最もきびしい生活を経験《けいけん》した。農家とはいえ、米だけのご飯などめったに食べられず、お腹いっぱい食べた記憶《きおく》もない。もちろん、学校給食などなく、サツマイモ、大根入りの米飯、時にはサツマイモだけの弁当を持って登校するのが常だった。それでも、国中が飢えていたのだから、持っていけただけましだったのだ。

中学校に入学したのは、戦争が終わって四年目のことだった。中学校は、ぼくの家から六キロ先にあった。ぼくの通学距離は、学校でも最長距離で、毎日が遠足だった。悪天候の日は、道程が長い分だけつらい思いをした。そのうえ、町場の子どもたちには、「や〜い田舎っぺ」とはやされることもあった。そんなときは、「知っているか？ぼくのほうが直線距離では東京に近いんだぞ」とやりかえした。結局、卒業までの三年間を無遅刻・無欠席で通し皆勤賞をもらった。

こんなこともあった。中学校に入るとすぐに学級委員長に推された。級友のひとりが「嬉しいだろう」と冷やかしてきた。相手は、野球部の身体の大きな子だった。頭に来たぼくは「帰りに待っていろ」と即座に言い返した。そして、放課後は取っ組み合いの大げんかになった。体格と腕力の差は歴然。どう考えても勝ち目はなかった。

とうとう下敷きにされ、鼻血が止まらなくなった。それでも一歩も引かなかった。今では大の仲良し。

運動神経はまあまあ。がんばり屋だったよ。三年のときの校内マラソン大会では、男子七六人中、七位に入賞した。ところが、これにはおまけがある。当日、たった一着しか持っていない運動着が洗濯中で乾いていなかった。「買って」ともいえず、自力で代わりを用意する才覚もない。まさかぬれた運動着で走る訳にもいかない。仕方がないので、股引き（ズボンの下にはく下着）で走った。女の子たちは指さして笑うし、これだけは、いま思い出しても恥ずかしい。

そうそう、数学だけはよくできた。なぜかと言えば、数学は、他の教科と違って参考書を購入する必要もない。計算は、広告の裏紙があればよかった。「参考書やノートを買いたい」なんて言えないぼくにとってはありがたい科目だったのだ。しかも数学の担任は、若い女性教師。折にふれて「仲秋君、学年で数学のトップになりなさい」と、ぼくを激励してくれた。

いつしかぼくは、数学の面白さに目覚めた。もっとも数学の問題を解くより、問題をつくるのが好きだったから、いくつもの例題を作成しては楽しんだ。

中学校時代のぼくのこの学習方法は、数学を究める力をつけるには最適だった。現に教師になってから、それが現場の仕事に大いに役立つことになった。

忘れもしない。高校二年のときのことだ。夜更けにふと目が覚めると、茶の間から聞こえてきたのは母と長兄のひそひそ話だった。

「残念だが、高校は中退してもらうか」「でも何とか卒業できないだろうか」

当時の我が家の現金収入は、教員の長兄の給料《きゅうりょう》だけ。大家族の食糧《しょくりょう》をまかなうのは大変なことだった。我が家は、かつてはそれなりの地主《じぬし》だったので、多少なりとも小作料《こさくりょう》が入っていた。それが農地解放《のうちかいほう》で、農地を失った上、その小作料も入らなくなってしまったのだからなおのこと困難が生じた。

翌朝《よくあさ》は、「オレッ　奨学金《しょうがくきん》もらうから、高校に行かせてくれ」ぼくは、必死になって長兄に頼んだ。一家の大黒柱の長兄は、黙ってうなずいてくれた。

少しでも家計の負担を減らそうと、高校三年からは、日本育英会から月七〇〇〇円の奨学金を借《か》りた。大学選びも、第一条件は、授業料が安いことだった。もし、大学受験《じゅけん》に失敗しても、浪人《ろうにん》生活は許されない。

家族の誰もが真剣だった。母と兄嫁《あによめ》は身を粉にして働いていた。早朝から数少ない野菜《やさい》を収穫、近所の朝市に行商《ぎょうしょう》に行った。ぼくも、商品となるタケノコやホーレンソウなどを洗ったり、束ねたり、夜なべ仕事を手伝った。苗代《なわしろ》作り・苗とり・田植《たう》え・草取り・稲刈《いねか》り、もみすりなどの米作《こめづく》り作業《さぎょう》にもかり出された。受験勉強《じゅけんべんきょう》ができない焦《あせ》りがいつもあった。刈入れ時の農家は、猫の手も借りたい忙しさだ。甥《おい》や姪《めい》を背中に背負い、参考書を開いていたこともあった。それでも、苦しい中で学校に通わせてもらっていることに感謝こそすれ、それがいやだとは、口がさけても言えなかった。

頑張《がんば》ったかいあって、学費の安い国立大学教育学部に進学した。片親《かたおや》のせいか、授業料免除《じゅぎょうりょうめんじょ》（年間六〇〇〇円）、奨学金（月二〇〇〇円）をもらうことができた。でも、下宿代をまかなうには、とても足りなかった。ぼくは、掛《か》け持ちの家庭教師《かていきょうし》、ビラ配《くば》り、引越《ひっこ》し手伝いなど、手当たり次第《しだい》アルバイトをやった。米だけは自宅から送ってもらったが、下宿屋《げしゅくや》の四畳《じょう》半で、七輪《しちりん》に炭《すみ》をおこし鍋《なべ》でご飯《はん》を炊く自炊《じすい》生活を続け、出費をおさえた。おかげで、料理には自信がある。もっとも、くらしがいっぱいいっぱいだったのは、ぼくだけではなかった。だから、どんなにきついバイトの明け暮れが続いても、つらいと思ったことはない。

文部科学省要覧《ようらん》によれば、当時の進学率《しんがくりつ》は、高校四五・六％（一九五一年）、四年制大学七・九％（一九五四年）。いまとは違い、大方《おおかた》の家庭では、早く就職《しゅうしょく》させ、家計《かけい》のにない手にさせるのが普通の時代だったのだ。まして、当時のわが家の状況を考えれば、大学に行かせてもらえただけでもありがたいことだった。

そうそう、大学時代で肝心なことは、知的探究心を満たしてくれる学問と立派な教授たちに巡り会えたことだ。大好きな数学はもちろん、学ぶことは何より楽しかった。学業以外にも、かけがえのないたくさんの先輩・友人・仲間に恵まれ、充実した大学生活を送ることができた。


わが家は、女は高校卒、男は大学卒が暗黙《あんもく》の約束《やくそく》ごとになっていた。年老いた母は、《他人のお金には手を出すな》といって、やさしい笑顔でしわくちゃな千円札をこっそりポケットに入れてくれた。貴重な現金収入だ。母の苦労を思うと胸が詰まった。兄姉たちは、機会あるごとに小遣《こづか》いをくれ、励ましの言葉をかけてくれた。口には出さなかったが、《何とかして高校を卒業させよう》《あいつは、家計が大変でも将来のために大学へ進学させよう》という兄姉一人ひとりの思いやりは、ぼくの心の支えになった。

ぼくが教師という道を選択した第一の理由は、数学が好きだったことにある。また、兄が教師だった影響もあるだろう。やさしい女性教師との出会いもあった。だが、なにしろぼくは、苦しいなかで進学させてくれた母親、兄姉の愛情にこたえたかったのだ。教職に就いたのは、ぼくの果たすべき約束だったのかもしれない。

もしかすると、君には、家族の声かけが干渉に思え「うざい」と思うことがあるかもしれない。親からの自立と、親への生活的・経済的な依存は生きるためのせめぎあいだ。甘えられるのはいまのうちさ。

ぼくは、近頃では人数の減《へ》った「兄弟会」に出る度に、《みんなのお陰《かげ》で、いまのぼくがあるよ》と心のなかでつぶやいている。

東日本大震災は、「命あってこそ」を実感させてくれた。命と絆《きずな》の大切さ、今日一日を大切に生きるなんてことは、身をもってこそ知るものかもしれない。

支え合える家族ってありがたいものだよ。

ばりばりの教員だったぼくの発症

足のしびれ

念願の教員となり、国立大学の付属《ふぞく》学校に勤《つと》めていたぼくが、自分の体調の変化に気がついたのは、三四歳の時のことだった。

そういえば、ふと気がつくと、運動会恒例の職員《しょくいん》レースの後、「君は速《はや》いな〜」というりつものセリフを、誰一人言ってくれなくなっていた。

そのうち、「かき根を高跳《たかと》びで超《こ》えられない」「足先がしびれてつまずく」など、運動神経のよさをうらやましがられていたぼくにはありえないような見過ごせない症状《しょうじょう》が出てきた。やがてその症状《しょうじょう》は、「足全体がしびれる」「背中《せなか》・腰《こし》がいたむ」「息切《いきぎ》れがする」などに変化。こうなれば、もう病院に行くしかない。いろいろな病院を駆け回った。ところが、どこに行っても病名も治療方法も分からなかった。

ある日、T労災《ろうさい》病院へ行った。評判の院長の診察を受けるためだった。ここでは、股間《こかん》から脊椎《せきつい》に管《くだ》を入れ、その中に液《えき》を入れ、体をゆさぶり、液の流れ具合《ぐあい》をレントゲン撮影《さつえい》ではっきりさせる検査を行った。その結果、ぼくの病名は「脊髄腫瘍《せきずいしゅよう》」であることを院長から教えられた。

ぼくも《脊髄腫瘍》について本で調べてみた。そこには、なんと《一〇万人に一人か二人しか、かからない難病《なんびょう》》《最もかかりやすいのは転移性《てんいせい》腫瘍(悪性《あくせい》)》とか書かれていた。悪性とは《がん》のことだ。最《もっと》も恐《おそ》れていた病名だった。

すぐに手術をすることになった。第一回目の手術《しゅじゅつ》日の午前中、レントゲン室で、目印になる所を決めるため、背骨《せぼね》に針《はり》を打った。手術は、午後一時から八時間かけておこなわれた。それからは、腹《はら》ばいの毎日となった。腹ばいは、骨が固まるまで六カ月つづいた。でも《手術すればなおる》という拠《よ》り所があったから、病院生活の苦しさはなかった。休職《きゅうしょく》をはさんで、左足にプラスチックの装具《そうぐ》をつけ、一年ぶりで学校に復帰《ふっき》。でもかけ足が出来ず、職場を教育センターに変えた。

ところが、四〇歳代後半に病気が再発。大学病院、がんセンター、労災病院等の診察《しんさつ》室入りをした。病名は、脊髄性雲膜炎《くもまくえん》。前回の手術跡《あと》が老化《ろうか》したということだった。また、二回目の手術後、半年間は腹ばい生活をしなくてはいけないかと思うと、手術はしたくなかった。

主治医《しゅじい》は、前回より早く退院《たいいん》できるという。少しでもよくなることを祈《いの》り、ぼくは、思い切って大学病院の手術台に上がることにした。苦しい治療・入院は五カ月に及んだ。必死に耐えた。

ついに、一本杖《づえ》をつき職場（教育庁《きょういくちょう》）に復帰した。このまま回復をという願いもむなしく、お尻《しり》のジョクソウが悪化。脊髄の病気の後遺症《こういしょう》なのだろう。

ぼくは、また入院することになった。五〇歳《さい》になったばかりのことだ。三回目の手術後は傷口《きずぐち》をかばうため、一日中腹ばいをさせられた。

レントゲンを撮《と》りに行ったり、売店《ばいてん》に新聞《しんぶん》を買いに行ったりするのに、ガニー車（腹《はら》ばいで乗る車いす）を利用《りよう》。足を伸《の》ばし、胸《むね》の下にある車輪《しゃりん》を車いすと同じやりかたで漕《こ》ぐのだ。腕の力を強めるため、廊下《ろうか》を全速力《ぜんそくりょく》で走るものだから、通行人《つうこうにん》は避《さ》けて通るしかない。一番厭《いや》なことは腹ばいのまま大便をとってもらうことだった。

退院《たいいん》時には一本杖どころか、二本杖で退院。アルペンス

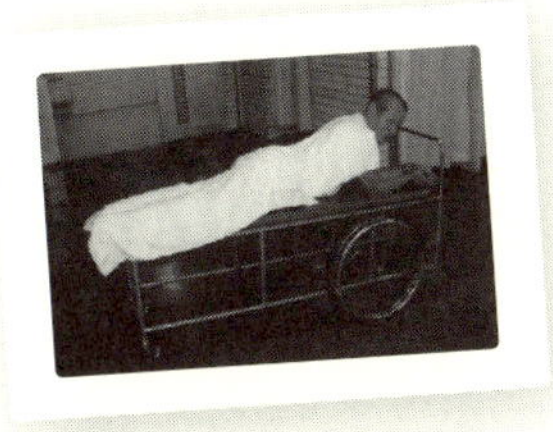

ガニー車

キーのような格好《かっこう》だ。（入院生活三カ月）二本杖の生活では、荷物《にもつ》を持つのは大変《たいへん》だ。やむなく首に下げたビニール袋《ぶくろ》に荷物を入れ、移動していた。階段《かいだん》では、下りのほうが怖《こわ》かった。一度失敗して階段下まで転《ころ》げ落ちたからだ。そのときの骨折《こっせつ》は、ジョクソウ治療《ちりょう》中の病院で治《なお》した。

このころは、時どき、高い熱が出て、よく病院に入院させてもらった。ある年は、病院（千葉《ちば》市）と勤務《きんむ》先（茂原《もばら》市）を一年間行ったり来たりした。寝巻《ねま》きで他の患者《かんじゃ》と食堂で朝食をとり、車のなかで背広姿に着替《きが》え勤務地へ。夕方、病院の駐車場《ちゅうしゃじょう》の車中で寝巻きに着替え、夕飯《ゆうはん》に間に合わせ、夜、点滴《てんてき》を受ける生活が続いた。

楽観的なぼくにも、事態が甘くないことは分かっていた。いつしかぼくは、完治《かんち》することは難《むずか》しいのでは？　と考えるようになっていた。消灯《しょうとう》後の病室で、仕事や家族、これから先のことを思い眠れない夜が続いた。

それでもその一方で、朝を迎えると、時間通り勤められる幸《しあわ》せもまだあった。

足がぶらぶらに

四回目の手術は、同じく五〇歳代後半だった。ジョクソウの部分が骨盤《こつばん》と大腿部《だいたいぶ》の関節《かんせつ》まで広がってしまった。人工《じんこう》の骨《ほね》を入れるか検討《けんとう》したが、どうせ歩けないのならば無意味だと思い辞退《じたい》した。

ある日のこと、主治医が、遠慮《えんりょ》がちにきりだした。「このまま、一生歩けなくなるかもしれません」それは事実上の宣告だった。ショックだった。とうとう車いすになってしまうのだ。

まさに足ブラブラ人間の誕生だ。片方の足をもう片方の足の上に持ち上げるのが、いかに大変なことかよく分かった。片足だけで一〇キロいや一五キロぐらいあるだろうか。持ち上げて足の底を見ることができるのだ。

こうなると、お先は真っ暗。やけにもなった。「決《き》まった時間に薬《くすり》を飲まなくては」「そんなことをしていたら、奥《おく》さんが悲《かな》しみますよ」などと、三カ月の入院中、病棟《びょうとう》の婦長《ふちょう》や看護主任《かんごしゅにん》に、年甲斐《としがい》もなくよくよく注意された。

入院中、腹ばいで、大小便《だいじょうべん》を若い看護婦《かんごふ》さんに採《と》ってもらうこともいやなことの一つだった。そんないやなことつらいことに、じっと耐《た》えてきたのに、いいことはなにもなかった。足の動きは完全になくなり、車いすに乗《の》って退院。

手術の度に、細胞《さいぼう》の精密検査《せいみつけんさ》をされ、「良性《りょうせい》（がんではない）」という結果が出る度に胸《むね》をなでおろした。救《すく》いはそれだけだった。悲しんで失望《しつぼう》する日々が続いた。運動神経《しんけい》は完全に麻痺《まひ》した。その上、《痛《いた》さ》《熱《あつ》さ》等の感覚《かんかく》神経まで失ってしまったのだ。手術のとき、麻酔《ますい》をかけなくとも、なんら痛《いた》さを感じなくなった。他人から見れば「そんな贅沢《ぜいたく》な」と思うかもしれないが、本人にとっては、こんなに悲しいことはない。第三回目は患部《かんぶ》をあたためてなおす光線治療器《こうせんちりょうき》の当《あ》てすぎ、四回目は電気毛布《でんきもうふ》の当てすぎからきた火傷《やけど》治療だった。

不安な気持ちの中にも「今度こそは」「今度こそは」と自分に言い聞かせ、手術室入りしてきたのだ。手術をすれば、悪い所が取り除《のぞ》かれ、退院までに遅《おそ》かれ早かれ回復《かいふく》に向かうのが普通だろう。

ところが、ぼくの場合、四分の一世紀《せいき》もの間がんばったというのに、その努力《どりょく》が水の泡《あわ》になってしまったのだ。
結果的には、手術や入院をする度に、ぼくは身体機能を少しずつ失って行った。
一回目　駆《か》け足ができなくなった
二回目　歩行《ほこう》中、両手で持つような荷物が持てなくなった
三回目　歩行中、荷物が持てなくなった
四回目　両下肢機能全廃《かしきのうぜんぱい》（足の働きが全くない）となった。あげくの果ては、立つことも座ることもできなくなってしまったのだ。
そして、ついに「一種《しゅ》一級《きゅう》の身体障害」という最重度障害の手帳を受け取る日がやってきた。途端に、何事《なにごと》にも無気力《むきりょく》になってしまった。「一生、車いすになるかも……」との主治医の言葉を思い出すとなおさらだ。三〇歳半ばから二〇年以上、入退院を重ねた（入院二四回）のは何のためだったのか。入院中のつらかったこと、悲しかったこと、苦しかったことなどの負《ふ》の遺産ともいうべき体験だけが、浮《う》かんでくる。手術後は、機能《きのう》回復のためのリハビリテーション行きが続く。どんなに真剣《しんけん》に訓練《くんれん》をしても、良くなるどころか、悪くなるばかりだった。
五回目の手術を、どんなに勧《すす》められても、もう同意《どうい》はできなかった。

それでも、心優しい友人たちからすすめられれば、はりや灸、そしてマッサージにも出かけた。「がんがなおった」という友人の紹介で、茨城県《いばらきけん》の山奥の祈祷師《きとうし》にも会いに行った。《藁《わら》にもすがる》という言葉があるが、どんなものにも助《たす》けを求める気持ちだった。しかし、どれも著しい効果をあげることはできなかった。

ぼくの最後の勤務場所《ばしょ》は、再度の教育センター。ここには、エレベーターはなかった。二階《かい》・三階の仕事には、自力で階段を這い上がり、自力で這い降りるしかない。みんなが喜ぶ「忘年会」「いあん旅行」「運動会」は、ぼくにとっては苦しみの行事だった。毎日が、まさに苦役そのもの。もう体力も気力も限界にきていた。一流の教育者を目ざして全力で頑張ってきたが、これでは途中で辞《や》めるしかないと決断した。

四分の一世紀にわたって、ぼくが不自由な体で勤《つと》められたのは、まわりのみなさんが温《あたた》かく見まもってくれたからだと、いまでも感謝《かんしゃ》している。

人生をやめたくなった頃

「昔はよかった」 後向きに歩くとき

仕事《しごと》をやめ、ほっとした。

「もう決《き》められた時間までに勤《つと》めに出なくていいのだ」「好《す》きな時間におやつを食べられる」つまり、毎日《まいにち》が自由。仕事に対する責任感はとりあえず棚上げ。気ままなくらしが待っているはずだった。といっても、車いすで自由に動けるところは、電動《でんどう》ベッドのある応接室《おうせつしつ》だけだったが……。

でも、そんな気分は半年も保《も》たなかった。強がりも限界だった。たった一つの居場所・応接《おうせつ》室での生活に、飽《あ》きがやってきたのだ。現《うつつ》の世界に戻《もど》り、現実を直視してみれば、足は動かない、立てない、座れない。水をこぼしても拭《ふ》くのが大変だ。朝の目覚めから寝るまで、自由どころか制限だらけ。トイレに移動するのも億劫《おっくう》になった。何を考えても前向《まえむ》きにはなれない。そうしていると、元気だったころの自由《じゆう》に動けた場面《ばめん》が、次々と浮《う》かんできた。

「夜行列車《やこうれっしゃ》で札幌《さっぽろ》に行ったなあ」

「泳ぎたくて。三月の沖縄《おきなわ》に行ったなあ」

「新卒時代、地区体育大会・ハイジャンプで一メートル四五センチメートルのバーをクリアしたことがあったなぁ」「……」考え始めると、自分の足で駆け回っていた車いす以前の良い場面《ばめん》のみが、次々と現《あらわ》れる。しかも、自分のなかでその映像はどんどんふくらみ、見事なまでの武勇伝《ぶゆうでん》に発展《はってん》する。

三浦綾子《みうらあやこ》さんは、小説「雨はあした晴《は》れるだろう」に《過《す》ぎたる幸福《こうふく》の思い出が現在の不幸《ふこう》を倍《ばい》にする》と書いている。確かに、立ち上がろうとしても、《もう二度とできない》《第一、一歩も家から出られないではないか》と思うだけで、すべての意欲を失った。どんなに激励されても、出てくるのはため息ばかり。毎日がただむなしかった。

邪魔《じゃま》人間にそう決めつけたのはぼく

「この世からぼくが居なくなれば、一人分の洗濯《せんたく》、炊事《すいじ》などの家事《かじ》がへるだろうなあ」

「この世からぼくが居なくなれば、一人分の介護《かいご》、医療《いりょう》などの経費《けいひ》がへるだろうなあ」

「ぼくは、迷惑人間《めいわくにんげん》になってしまった」「ぬれ落葉《おちば》は、役立《やくた》たず・邪魔《じゃま》だ・汚《きたな》いという言葉の引例《いんれい》に使われる。ぼくは、完全《かんぜん》にぬれ落葉だ」

どんどん後ろ向きになった。どんどん自分が惨《みじ》めになっていった。そのうち、追い打ちをかけるように、孤独《こどく》がやってきた。誰からも頼られない忘れられた存在、社会に必要がない寂しい人間になろうとしていた。もう、自分のことすら何もできない。

・人に逢《あ》いたくない。

・食欲《しょくよく》もない。

・世の中の役立つことなんて何もない。

・どこにも行けない。

そう「ないない」尽《づ》くしが始まったのだ。思い切って、そんな気持ちを知り合いの神経内科《しんけい》の先生にぶつけ、そっと聞いてみた。先生は「明らかに《うつ病》でしょう。引きこもり症候群《しょうこうぐん》ですよ」と言い放った。

いくら知り合いだからといって、そこまではっきり言わなくとも良いと思った。

とうとう神経病《しんけいびょう》にされてしまった。

でも先生は、《入院《にゅういん》しなさい》とは言わなかった。高年齢《こうねんれい》のせいだろうか。悲観《ひかん》、無気力《むきりょく》、憂鬱《ゆううつ》などのことばが浮《う》かんできた。

教職《きょうしょく》時代、こんな経験《けいけん》をしていたら、引きこもり児、長期欠席児《ちょうきけっせきじ》などの気持ちがよく分かり、もっと良い指導《しどう》ができたことだろう。そんなことを考えてももはや手遅れだ。

そのときのぼくは、何もできないどころか、この世の中に生きていることへの疑問《ぎもん》が生まれていた。教職から退《しりぞ》いた直後《ちょくご》は、足が動かないという身体的《しんたい》な悩《なや》みだけだった。それが、自分の価値観《かちかん》、存在感《そんざいかん》を問い始めると、どんどん深みにはまる。いつしか精神的《せいしん》な悩みになってしまうことを知った。自分を「だめ人間」、「邪魔《じゃま》人間」と一番決めつけたのはこの時期《じき》だったが、決めつけていたのは、他ならぬぼくだったのだから始末が悪い。

時には、自分の人生を、自分で断《た》ち切ることも考えた。でも、マスコミの餌食《えじき》になる以上に、後世《こうせい》に伝えられることを考えると決断《けつだん》はできなかった。

つくづく生きることは大変なことだと思ったものだ。生きることは「自分で生きること」であり、「他人に生かしてもらうこと」ではないと思うとなおさらだ。過去《かこ》を眺《なが》めてはため息、今後の人生を眺めては、さらにため息。ため息ばかりだった。現実を否定し、否定に否定を重ねても、生まれるのは、絶望と後ろ向きな発想だけ。すべてに意欲がわかなかった。

そんな悶々《もんもん》とした生活は、六カ月ぐらい続いたろうか。誰が見ても、マスコミの話題にこそならないが、老人の引きこもりそのもの。家族はさぞ迷惑したことだろう。

Ⅱ

生きる力がわいてきた

ぼくの転機＝三つの出会い

ここでは、すべてに否定的になり、内向き・後ろ向きになっていたぼくが再スタートするきっかけとなった三つの出来事を紹介しよう。

断っておくが、これらの出来事が、ぼくの背中を押してくれた具体的な転機になったことは紛れもない事実だ。

ただ、人が何かの決断や方向転換を迫られたとき、表面的には、瞬時に判断したり、決定したように見えても、誰にも、そこに至る過程・蓄積《ちくせき》が必ずあると思う。

まして、立ち止まったまま考えるばかりで、長いトンネルに入っていたぼくのような人間には、足踏みや熟考のための積み重ねが必要だった。言換えれば、花鳥風月《かちょうふうげつ》、季節の移ろい、支えてくれる家族・先輩・友人・仲間・知人・ご近所との何気ない会話、笑顔、テレビ、音楽、本、新聞、映画、日常的に目にし、ふれ、悩み、喜び、考えたすべてが、機が熟すまでの大切な時間であり、その一歩を踏み出す原動力になったに違いない。

これら全部が、この三つの巡り会いときっかけを活かせる潜在的な力になったとぼくは思っている。

その一　ALS（筋萎縮性側索硬化症《きんいしゅくせいそくさくこうかしょう》）のTさん

ALSは、日ましに運動《うんどう》や呼吸《こきゅう》のはたらきがなくなる難病だ。隣の市・勝浦《かつうら》に住むTさんは、優秀《ゆうしゅう》な警察官《けいさつかん》だった。

やがて、病に倒れたTさんは、苦しい闘病生活を経て「みちづれ」という本を出版《しゅっぱん》された。本には、「ある日、突然《とつぜん》、肩《かた》に力が入らなくなった」、「病院《びょういん》でのつらい日々」、「今、考えていること」など、ぼくには、他人事ではない〝病状記とその後〟がまとめられていた。

それまでのぼくは、人に逢《あ》うことが恐ろしかった。ところがこの本は、そんなぼくを「この著者《ちょしゃ》に会いたい」という気持ちにさせてくれた。妻に伴われ、思い切ってTさんを尋《たず》ねたのは、いまから一三年前のことだ。

Tさんは、奥さんとともに快く迎えてくれた。ひらがな五十音表を指さす奥さんの人差し指でTさんの頬《ほほ》が、「た」「き」「ぐ」「・」「・」……とピクピク動く。これを読み取る奥さんの発声《はっせい》は「滝口さん　よくいらっしゃいました」だった。また、奥さんの助けをかり、パソコンの操作《そうさ》もマスターしていた。頬《ほお》に光《ひかり》センサースイッチを貼《は》りつけ、障がい者用の意思《いし》を伝える装置《そうち》でパソコンをたくみに操作《そうさ》する。

手も足も動かず、口のきけない人が、目元には微笑《びしょう》を浮《う》かべ、顔面《がんめん》いっぱいで歓迎《かんげい》してくれていた。きらきらと輝く目は、とても意欲的だった。「今の関心ごと」「インターネットのこと」などをあらわすパソコンの文字《もじ》数は少なかったが、内容ははっきりしていた。ものの見方・考え方が前むきで、ことばは若《わか》さがあふれていた。

「ブーッ、ブーッ」、ベッドサイドからは、人口呼吸器《じんこうこきゅうき》の音が決まった時間に鳴る。欄間には、「囲碁五段《いご5だん》を授与《じゅよ》する」と書かれたNHK通信講座《つうしんこうざ》の認定証《にんていしょう》が飾ってあった。

どこまでも、ことば少ない出会いだった。しかし、「若さ」「覇気《はき》」などの言葉から遠《とお》ざかっていたぼくに、サミエル・ウルマン氏のページ（かつて備忘録に記載しておいた）を思い出させてくれたのはTさんだった。

「若さとは人生のある時期《じき》のことでなく、心のあり方のことだ。人は歳月《さいげつ》を重ねながら老《お》いるのではない。理想《りそう》を失《うしな》う時に老いるのである」と。

Tさんは、足のはたらきを失ったぼくに、《まだ手があるではないか、楽しさを作れ、夢を追《お》え》とのメッセージを送ってくれたのだ。

その日は、メールの交換《こうかん》を約束《やくそく》して別《わか》れた。Tさんのお名前は、照川貞喜《てるかわさだのぶ》さんだ。

二〇一〇年の三月二一日のNHKスペシャル「呼吸器をはずして下さい。柳田邦男と患者が紡ぐ命の対話」に登場。照川さんとの出会いは、後ろ向きだったあの頃のぼくが立ち直る大切なきっかけの一つになった。

いまも変わらず、ぼくにさらなる元気・やる気を届《とど》けてくれる人だ。

その二　保育園児《ほいくえんじ》とダンス

ぼくの町には、身体《しんたい》に障がいのある人たちのあつまり《身体障《しんたい》がい者福祉会《ふくしかい》》がある。勧められたぼくは、いやいやながら入会。千葉県夷隅郡市全体《いすみぐんしぜんたい》の交流《こうりゅう》運動会に参加した。あくまで、義理・つきあい・見学のつもりだった。

プログラムに、地元保育園児たちのダンスが入っていた。園児だけに、まちがえても、動作《どうさ》がおくれても、一生懸命さが可憐で、それなりに新鮮《しんせん》だ。

かわいいダンスを見るのは、車いすになって、初めての経験《けいけん》だった。

「これはこれで有意義《ゆういぎ》な時間だ」などと思っているうちに、最後《さいご》の曲になった。

「皆さん、保育園児は皆さんの出番《でばん》を待っています。パートナーになってください」とのアナウンスがあった。ぼくは巻き込まれることを恐《おそ》れ、隅《すみ》のほうへ移動《いどう》した。次々とパートナーが決まっていった。最後《さいご》の一人になったので、これでダンスは免れるとほっとした。でも、なんてことだ。

一人の女の子が、体育館の隅にいたぼくをみつけ、ためらわずに、ぼくのところにやって来た。その子は、ぼくの手をとるように、まっすぐに手を伸ばして、「おじさん、踊《おど》ろうよ」と言った。いつもなら、断る理由をならべるはずのこのぼくにも、この言葉にノーと言える勇気《ゆうき》はなかった。いつのまにか「はい」と言っていた。

体育館《たいいくかん》の中央《ちゅうおう》に出たのは何年振《なんねんぶ》りだったろう。もみじのようなふくよかな手に先導《せんどう》され、右に左に手を動かす。天井《てんじょう》の照明《しょうめい》がペアの保育園児の顔《かお》を照《て》らす。一番の美人に見えた。わが家にもこんな子がいたらなあと思ったことだ。

園児とダンス

最後は手を振《ふ》り振り別《わか》れた。

たった、三分間の出会いだった。対話といえば《おじさん、踊ろうよ》《はい》だけ。それでもそれは、それまで人に会うのを恐《おそ》れていたぼくに、もみじ葉のような天子《てんし》の手が差《さ》し伸《の》べられた瞬間に等しかった。

女の子は、この醜《みにく》い車いす男を拒《こば》んだりはしなかった。いや、心から歓迎《かんげい》してくれたのだ。胸に灯った小さな明かりは、いままでの見方を大きく変えてくれた。《世の中には、自分を歓迎してくれる人がいるのだ》と。

車いす姿を人前に出すことは、勇気がいることだった。

幼いころ、春の植木市に来るサーカス団があった。メインは『蛇《へび》女（蛇を口の中に入れる動作をする）』『針《はり》男（釘《くぎ》が打たれている上を歩く動作をする）』だった。車いす姿が蛇女、釘男に映ったのだ。この『蛇《へび》女・針《はり》男』のトラウマは、自分でも思いがけないほど根深いものだった。

こんなぼくが、「歓迎する人が、この世の中に一人でもいればいいか」なんて思えたのは、あのつぶらな瞳のおかげだ。

その三　遠来の客は　元同僚の外国人

ある日、ぼくが職場を退職以来、家にこもっていることを知ったMさんが、わざわざ訪ねて来た。

Mさんは、ぼくが指導主事という職務に携《たずさ》わっていた時代、勤務場所で机を並べていたALT（文部省派遣《はけん》英語指導助手）のアメリカ女性だ。いまは、流暢《りゅうちょう》な日本語と母国語である英語をうまく使い分け、東京の外資系商社に勤務しているキャリアウーマンだ。

五年ぶりの再会だった。もともと快活な女性ではあったが、彼女は、部屋に入るなり、「オー、ワンダフル。手が使えるではないですか」「オー、ワンダフル。手が使えるではないですか」を連発した。しかも、近所に響きわたるような大声で言うのだから困った。

やさしさを期待していたわけではないが、いたわりの言葉も、お見舞いの決まり文句「元気を出して」「今に良いことありますよ」も、一言もない。

ぼくは、ここ数カ月、ほんとうに気持が落ちこんでいた。車いす姿を人前にさらす恐怖と心のなかで激しく葛藤していた。人が「もう歩けない」と意気消沈《しょうちん》しているというのに、「ワンダフル」とは、よくも言ったものだ。

そのうえ、勝手に、わが家の台所から包丁を持ってきて、自分が持ってきた「カステラ」を突き出した。そして、なんと「自分で食べられる大きさに切りなさい」と指図する。一瞬、動けない病人に命令するとは何ごとかと思ったが、そこは相手が外国の若い女性だ。我慢して受け流すことにした。

唯一、笑顔でぼくに付き合ってくれた話題は、机を並べていた時のこと、五年間のブランク時代のことだった。しかし、それだって、彼女の「ゲームは、手でできますからね」という言葉から始まり、これも奥から勝手に持ち出してきた「オセロゲーム」「囲碁《いご》の五目並べ」をしながらの対話だった。

正味一時間ぐらいだったろうか。台風一過の勢いだった。彼女は突然現れ、一陣の風のように立ち去って行った。

日本的慣習からみると、一見奇異《きい》に見える見舞だった。でも、いくつもの消えない言葉が胸にささった。落ち込んでいたぼくも、考えずにはいられなかった。いわく
「甘ったれないで」

「あなたは病人ではないのです」

「自分でできることはしなさい」

「あなたには、立派な手があるじゃないですか」

「手の機能を最大限利用しなさい」

「足の代わりにどんな分野で手が使えるか発見しなさい」ｅｔｃ……。


耳が痛かった。「良薬は口に苦し」という。彼女にしてみれば、もはやバリバリでも熱血でもない、かつての自信家の面影さえなくしたぼくをみかね、どやしつけずにはいられなかったのだろう。

思えば、ありがたくも、やはり強烈なアンチメッセージだった。

ものの見方・考え方を変えてみた

やめた！　居留守《いるす》

「こんにちは。かいらん板です」隣の奥さんがやって来た。大急ぎでテレビのボリュームを下げ、居留守《いるす》を使う。

「こんにちは。荷物《にもつ》を届けに来ました」今度は、宅急便のお兄ちゃんの声だ。

「そこにみとめ印があるだろう。押していってくれないか」とベッドの中から大声を出す。車いす姿を見られるのが怖《こわ》かった。電話がかかってきても、応答《おうとう》はしない。ベッドから下りるのが苦痛だった。妻が勤めから帰ってくると、正直ほっとした。動くものといえば、出窓を横切る小鳥や浮雲だけだった。

でも、こんな日々が一生続くのはいやだった。この繰り返しが何年も続くのは、車いす生活以上にたまらない。自分の世界の狭さを打ち破れないのも自分だということには、とっくに気づいていた。ぼくにはそろそろ、見られる勇気、踏み出す決意が必要だった。

やめた！　同窓会の欠席

同窓会《どうそうかい》の案内状は車いすになっても、届く。

返事《へんじ》はいつもノー。「幹事《かんじ》さん、お世話になります。先に約束《やくそく》がありますので参加《さんか》できません。みなさんによろしくお伝えください」が常とう句だった。

もちろん先約など一つもなく、本当は、参加する同窓生に自分の車いす姿を見せたくなかったのだ。

《ちょっと恋心《こいごころ》を感じていたAさんが来るかもしれない。数学を競《きそ》ったB君が来るかもしれない。車いす姿をどう感じるだろうか》と…。ぼくなりに、見栄も張りたくなった。プライドもあった。

同窓生の中には、入院《にゅういん》の度に、見舞に来てくれ、同窓生の動静《どうせい》をいろいろ教えてくれるグループがあった。ある日、その友人たちから「迎《むか》えに行くから……」「階段《かいだん》はかつぎ上げるから……」とのメッセージが届いた。いくらなんでも、そこまで言われたら、断れないではないか。

思い切って出かけることにした。おそるおそるの会場《かいじょう》入りだった。すぐに、遠《とお》くのほうから「ナカアキだろう」「よく来たな」なんて声が届く。二階の会場までの階段は、皆でかつぎ上げてくれた。

「オイ、オイ、途中《とちゅう》で離しちゃいやだぜー」「離してみようか」「そうしよう」なんて冗談《じょうだん》も飛び交う。下でかつぎ上げている声の持ち主の名前を想像《そうぞう》する。「C君だな、D君だな、E君だな」と。

宴会《えんかい》では動けない者の特権《とっけん》だろうか、次々と訪問者《ほうもんしゃ》がやってくる。地元・植木職《うえきしょく》の

F君、東京でおもちゃ屋を経営《けいえい》しているG君、茂原から来たKさんなどだ。仕事のこと、子どものこと、孫《まご》のことなど話題《わだい》はつきない。ぼくの身体のことなどちっとも話題にならない。あこがれのAさんとも逢った。構えはとっくに消えていた。「ナカアキ君、元気そうねえ」「ああ」それだけだった。B君とは今の生活ぶりを話し合った。卒業以来四〇年近い年月の皺《しわ》が、みんなの顔に滲《にじ》みでていた。それはそれぞれの半世紀《はんせいき》を、堂々《どうどう》と生き抜いてきた証《あかし》にも見えた。友人たちの晴れ晴れとした姿は、参加したから見ることができたのだ。ぼくにしても、長期にわたる病魔《びょうま》との闘《たたか》いから抜け出してこそ可能になったのだ。

この年を境《さかい》に、中学校の同窓会の集合《しゅうごう》写真には、いつも最前列に位置《いち》するようになったから不思議だ。あっというまにあの日に還り「ナカアキ」「セイゾウ」と呼びすてで呼び合える仲が復活。中学校卒業後、どんなに暮らし方が変わろうが、五〇年前の竹馬《ちくば》の友だ。太宰治《だざいおさむ》の「走れメロス」に登場《とうじょう》する、羊飼《ひつじか》いのメロスと石室《せきしつ》のセリヌンティウスの友情《ゆうじょう》を思うのは飛躍《ひやく》だろうか。

車いすになって以来、知らぬ間に「友だちに自分の姿を見せたくない」「友だちに会いたくない」「友だちだって奇異《きい》に感じるだろう」などという自己防衛にも似た勝手な思い込みにとらわれるようになっていたのだろう。

行き会う人々への警戒心《けいかいしん》は、長い間のベッド生活から生まれた閉塞感の裏返しか。変化は自分でつくることを実感させてくれたのが、この中学校時代の同窓会だった。

ぼくの心は、少しずつ外向きになっていった。

はじめの一歩・たくさんの出会い

家族のこと

ぼくには、妻と長男、長女、次女の三人の子どもがいる。いまでこそ、子どもたちは、それぞれ独立。社会人となり家庭を持っている。

しかし、夫であり父であるべきぼくが、三四歳で発病。以来二四回も入院することになったのだから妻の苦労は並大抵ではない。幼かった子どもたちも、けなげに妻を助け、まっすぐに成長してくれた。

妻は、母として、妻として、働く女性として常に全力疾走。たった一人で、教師として働きながらの子育てや家事はさぞ大変だったろうに、妻の口から嘆きのバラードを聞いたことはない。いつも明るくあたたかく、ぼくや子どもたちを見守り続けている。

実は、付属学校に勤務していた頃のぼくは、青森から岡山まで、週に一度は他校に師範授業（算数&数学）に出かけ、全国を駆け回っていた。それ以前から、講演や教材準備のため、仕事の多忙さから学校に泊まり込むことも多く、ほとんど家に帰らなかった。

しかもそれ以来、長くて半年、短くても年に数カ月の入院生活の繰り返しだ。文句があっても仕方がないはずだが、さすがにぼくが選んだ妻だ。やさしさもまっすぐなまなざしも、重ねた苦労でゆらぐことはなかった。

入院するたびに、妻と子どもたちが交代で洗濯物をとりに来てくれ、必要なものを届けに、入れ替わり立ち替わり病室にやって来た。（みんな元気だろうか）（事故《じこ》を起こしていないか）そんな心配をしていたぼくも、妻や子どもに、家族のその時どきの様子や出来事を聞いては、ほっと胸をなで下ろした。そして、心ひそかに「留守番ありがとう。感謝しているよ」のエールを送ったものだ。

妻と三人の子どもたちは、がんの疑いがあるぼくの四回の手術には、欠かさず立ち会ってくれた。

隣家には妻の父母が住んでいる。食事・洗濯《せんたく》・入浴等の介護《かいご》は毎日。時には、テレビ番組操作、電器釜《でんきかま》のセットの仕方、電話番号などの問い合わせの電話が入った。妻の努力には頭がさがる。

その義父も一〇〇歳、義母は九五歳となり、要介護の対象になった。認知症気味で具合がわるくなった義母が入院。ほっとしたのもつかの間、義母は、去る一月一一日、家族に見守られ永眠した。

現在は、全盲全聾となった義父の介護のため、介護ヘルパーを入れ、自宅看護を続けている。多忙を極める子どもたちも、日帰りで、掃除、洗濯、家の手入れなどにやってくる。

海外旅行にでかけられるようになったぼくが、「一緒に行こう」とまっさきに声をかけたのは妻だ。でも妻は「旅行は嫌《きら》い」「家に居たほうが、気が休まる」と微笑むだけ。いつだって、自分より家族を優先してきた妻だ。いまだに、大黒柱の妻が家を空けるわけにはいかないのだ。妻を中心とする家族の絆は、ますます深まらざるを得ない。

ぼくも、近ごろでは、妻や子どもたちから、海外に出かけることは控えるように言われている。何かことが起きたときは困るからだ。わが家における現在のぼくの存在は、頼れなかった夫&父親から番犬に昇格。ぼくにも、緊急時の連絡や手配が求められているのだ。おかげで、わが家は、どうやら崩壊《ほうかい》せずにすんでいる。もはや、何をいまさらだが、ぼくの今日があるのは家族みんなのおかげだ。この場をかりて、妻と三人の子どもには、心からの礼を言っておこう。

これからもよろしくな。

新しい足＝手だけで運転《うんてん》できる車がやってきた！

行動半径が広がるにつれ、昔、乗っていた自家用車《じかようしゃ》に乗りたくなった。かけ足のできない者にとっては、健常者《けんじょうしゃ》と同じスピードで移動《いどう》できる自動車は魅力的《みりょく》だ。でも、自家用車は、足で《ブレーキ操作《そうさ》》《速度操作《そくど》》をしなくてはならない。

ところが、ある日、本を読んでいると、すべての操作を手だけでする自動車（AT車）があることが分かった。インターネットで調べてみると、改造《かいぞう》を専門にする自動車会社やレンタルをする会社があることも知った。そんな情報がキャッチできると、いつしか障がいを忘れ、心は早くも運転席気分《うんてんせききぶん》だ。

早速、近くの大原警察署《おおはらけいさつしょ》に相談に行った。係員が「千葉市幕張《まくはり》にある《千葉県運転免許証《めんきょしょう》センター》で適性《てきせい》検査をしてくれる」と教えてくれた。

日を改め、妻に同行してもらい、免許証センターに出かけた。ここには、身体《しんたい》の条件に合わせることができるさまざまな車があった。まず、ぼくの適正や運転条件が調べられた。

・自動車に乗ったり降《お》りたりできるか

・ハンドルはまわせるか

・手でブレーキやスピードなどのそうさができるかが確認された。その結果《けっか》、ぼくは、手だけで運転できる車には乗れることが分かった。

試乗では、やっとの思いで運転席《うんてんせき》におさまり、おっかなびっくりエンジンスイッチ入れた。《ブォーン、ブォーン、……》数年振りに聞いたエンジン音は何度耳にしても気持ちのよいものだった。目や耳の検査《けんさ》、免許証をもらう手続きは、車を運転している気分を加速《かそく》してくれた。

後日、大原警察署から届いた免許証には、「普通車はAT車で、アクセル、ブレーキは手動《しゅどう》に限《かぎ》る　原付車《げんつきぐるま》は三、四輪のAT車に限る」という条件が書かれていた。

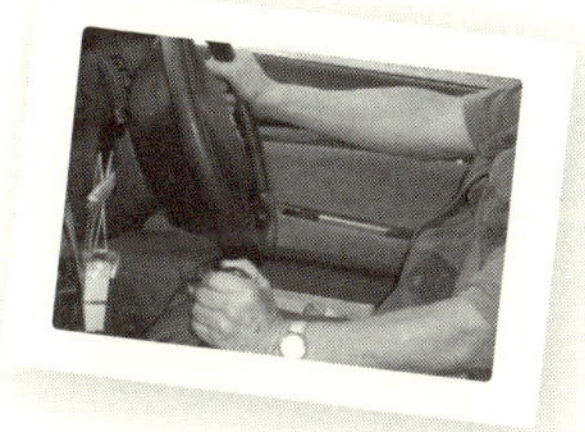

手動運転自動車

次は、わくわくする車選《えら》びだ。車は、使用している車を改造《かいぞう》するか、新しい車を買うかだ。二度と運転できないと思っていたので、前の車は、とっくに処分済《しょぶんず》みだから、ぼくの選択肢は後者のみということだ。

手動運転補助装置《ほじょそうち》には車への取り付け方法からコラム式（ハンドル軸《じく》部分に取り付け）、フロアー式（フロアー部分に取り付け）があるという。自動車メーカーに問い合わせると、いずれもできるという。今後の下取《したど》りには不利らしいが、操作が軽く、体の安定性があるという利点《りてん》でフロアー式に決めた。

注文《ちゅうもん》して二カ月。車が来るまでの長かったこと。待ちに待った新車の運転席におさまった時には、さすがに嬉しかった。となり町のホームセンターまで、三メートル四方の巨体《きょたい》が、ぼくのハンドルさばきで移動してくれた日のことは、忘れられない。

車がやってきたことで、ぼくの行動半径は、考えられないほど広がった。

バリアフリーの家造り

寒い日には、一日中、しびれが消えない。ベッドから出てもしびれが出ない快適な家が欲しくなった。そして、人並みに「ひとりで家の隅《すみ》から隅まで行きたい」「ひとりで家のことをしたい」という気持ちになった。ここらで、他人から見れば当たり前のことがしたくなったのだ。

そんなとき、妻から「残された人生、快適《かいてき》に過ごそうよ。プロの設計《せっけい》士を入れて自由に動ける家を建てましょうか」という提案《ていあん》があった。ぼくが一生寝《ね》たきりになるのを恐れたのだろうか、渡りに舟とはこのことだ。やはり妻は、ぼくの一番の理解者だった。

かつては複数の会社が海の家に利用していた旧家を取り壊《こわ》し、車いすが自由に動けることを第一条件に、家を新築《しんちく》することになった。

設計士《せっけいし》には、基本条件として次のことをお願いした。

駐車場……………家屋《かおく》の一部で屋根つき、幅二四〇センチ、フロアのかたむき1／12以下

部屋の出入り口……引き戸、幅八〇センチ、段差《だんさ》二センチ以下

廊下《ろうか》……………幅一〇〇センチ、

トイレ……………引き戸、幅八〇センチ、左右の手すり、車いすが回転《かいてん》できる広さ

風呂《ふろ》……………吊り下げ引き戸、幅八〇センチ、手すり、車いすが回転《かいてん》できる広さ、手すり、風呂桶のふち三〇センチの高さ

調理台《ちょうりだい》、洗面台《せんめんだい》……下に車いすが入る

その他……………平屋建《ひらやだ》て、すべてフローリング床、段差なし

下半身まひ者にとって、暑《あつ》さ寒《さむ》さには、人一倍過敏《かびん》だ。そこでマスコミで騒《さわ》がれているOMソーラー（太陽光を取り入れた暖房装置《だんぼうそうち》）の家を思いついた。夏には温水、冬には暖房施設に切りかえられ、快適《かいてき》な生活になりそうだった。

家から発する木材の香りは良いものだ。香りには、人を元気にする力が潜《ひそ》んでいるようだ。ルンルン気分で何でもしたくなった。

先ずは、ふとん干しだ。初めはふとんをできるだけ小さくたたみ込み、車輪《しゃりん》にぶつからないように運んだ。でも、全体が大きいので車いすから落ちてしまう。次は、ふとんが落ちないように、上部を口に加えることにした。今度は大成功。みなさんの足の役目をぼくの手が、手の役目を歯が務《つと》めたのだ。手が足の役目をすると、歯は貴重《きちょう》な役目だ。バイキング形式の食堂に行っても、ビニール袋を口にくわえ運搬《うんぱん》できそうだと興味がわき、旅行をしたくなった。その姿は、まるで番犬《ばんけん》のようではあるが…。

今では、ゴミ集め、ふとん干し、せんたく、雨戸《あまど》・カーテンのあけしめ、新聞とり、

布団を干す

せんたく物のかたづけ、電話うけ、机の整理など、日を追って家庭内の分担《ぶんたん》が増すようになった。いや自分から進んでふやそうとしているのだ。

すべての家事をひとりでこなしてきた妻だ。言いたいこともあるはずだが、なにしろ心が広い。ぼくの仕事《しごと》のでき具合にいちいち注文《ちゅうもん》をつけたりはしない。むしろ自分で進んでやることを歓迎《かんげい》してくれるのがありがたかった。

この年になって、三〇年前に亡くなった母の苦労に気づくのは、遅過ぎというものだが、近ごろは仏様《ほとけさま》の線香《せんこう》の本数がふえている。

新築された四二坪《つぼ》のバリアフリーの家は、隅から隅まで車いす操行《そうこう》を可能にしてくれた。このことは、自分の身辺整理《しんぺんせいり》に役立ったばかりか、暮らしのメリハリや可能性をひろげ、ぼくのやる気にエンジンをかけることになった。

外へ！　行ってみた

その一　隣町の郵便局行き

「はじめてのお使い」というテレビ番組がある。

ぼくも、行動することで、少しずつ自信をとりもどしていった。こうして、ぼくの行動範囲や関心は、だんだん外に向かって行くことになった。

ある日のこと、最寄りの郵便局ではなく、隣町の「浪花郵便局《なみはな》」まで送金に行くことにした。古い国道を選んで行くと、地図上では、四・二キロという所か。ねらいは腕力の強化と旧街道の調査のためだ。

中学校前の国道から左に折れ、ＪＲ外房線の陸橋《りっきょう》を越える。そこはかなりの急勾配《こうばい》なので途中で一休み。

「大丈夫ですか」ショベルカーを載《の》せたトラックの運転席から声がかかった。

茶髪《ちゃぱつ》でイヤリングをしたしゃれた青年だ。スルスルッと運転席から降りてきた青年は、「押しましょうか」という。

「ありがとう。でも今日は腕の訓練《くんれん》をしているのだよ。君はどこの人なの？」「Ｔ建設です」ハキハキとした気持ちのよい受け答えだ。T建設にもよい青年がいるものだ。人間見かけで判断《はんだん》すべきではない。

焼却場《しょうきゃくじょう》の前は、杉の大木群で昼でも薄暗《うすぐら》い所だ。路上には、折れた枝・落ち葉が散乱していた。しかも涌《わ》き水で滑《すべ》りやすい。そろりそろりと進む。そんな時に限ってゴミ収集車《しゅうしゅうしゃ》とすれちがう。先方は仕事中。こちらが舗装《ほそう》された路面から外れるしかない。

パチンコホールの前では、暇《ひま》に任せてホール入りをしようと思ったが、道草を食ってはいけないと先を急ぐ。国道から旧国道入りすると、なんと歩道がない。車が通る度に「蛇《へび》ににらまれた蛙《かえる》」のように、道路わきで通りすぎるのをじっと待つしかない。そんな時は、野草《やそう》の観察《かんさつ》だ。明るく咲き誇《ほこ》っている「タンポポ」そっと佇む「スミレ」などが目を楽しませてくれる。

時には「造敷《ぞうしき》を経て小沢《おさわ》村に至る」などという江戸時代の御影石《みかげいし》の道路標識《ひょうしき》にもつき合う。自動車とは、道のゆずり合いだが、自然観察、文化施設の発見など役立つこともある。

三キロ先の道ばたで、話に夢中《むちゅう》になっているおばあさんたちに出会った。

「大変でしょう」「どこから来たんけ?」「御宿から来たんけ?」「どこまで行くんだべぇ」「おやまあ、郵便局に行くんけ」「まだ相当《そうとう》あるよ」「車に引かれて、ぺちゃんこにならないでねぇ」言わせておけばきりがない。これでは日が暮《く》れてしまう。帰り道も気にかかる。でも、ぼくを心配《しんぱい》してくれているのは確かだ。お礼を言って先を急ぐ。

車いすを漕ぐかぎり、交通事故はさけなければならない。帰り道は、国道一二八号の歩道から一歩もはみ出ないコースを選んだ。行きの道のほうが、障がい物があっても、変化に富み、人との会話も多く、楽しい時間だった。

隣町の郵便局行きは、〝たかが隣町の郵便局行き〟だったが、ぼくにとっては得がたい〝されど隣町の郵便局行き〟だった。

その二　一八年ぶりに電車に乗る

家の中にいると、決まって「オンジュクー」。オンジュクー」と、ＪＲ御宿駅の案内放送が流れてくる。これを聞くと無性に電車にのりたくなる。でも、でもである。本当に乗客の一人になるには、

《車いすでは渡線橋《とせんきょう》は渡《わた》れないだろうなあ》《ホームから列車に乗れないだろうなあ》などの心配事《しんぱいごと》が次々浮かぶ。

駅舎《えきしゃ》に行き、ぼんやり列車を眺《なが》めていたら、客待《きゃくま》ちのタクシーの運転手さんが、教えてくれた。

「となりの大原《おおはら》駅に行ってみな。よくR（有料老人保健施設《ゆうりょうろうじんほけんしせつ》）のお客さんをご案内《あんない》するよ。駅舎の改札口《かいさつぐち》は入れるし、特急《とっきゅう》は一番線に入るので渡線橋を使わなくて済《す》むよ」と。善は急げだ。待ちきれずに、すぐ大原駅に車を走らせ、車いすで乗客になった時の心配ごとを聞いてみた。

JR東京駅までの乗車は、病後一八年ぶりだ。窓に次々とうつる風景《ふうけい》一つ一つが、ぼくとの再会《さいかい》を喜んでいるようだ。〇〇天神社《てんじんじゃ》、〇〇公民館、〇〇役場、〇〇川、〇〇スーパー、…………。周囲《しゅうい》のお客は、疲れているのか、みんな寝込《ねこ》んでいた。料金以上に景色《けしき》を楽しんでいるのは、ぼくだけ。もっとも、乗《の》る前に駅売店で買いこんだ新聞、雑誌代は無駄《むだ》になったが……。

以前、通勤《つうきん》エリアだった《蘇我《そが》》駅までの車窓《しゃそう》は、かつての記憶《きおく》を次々と思い出さ

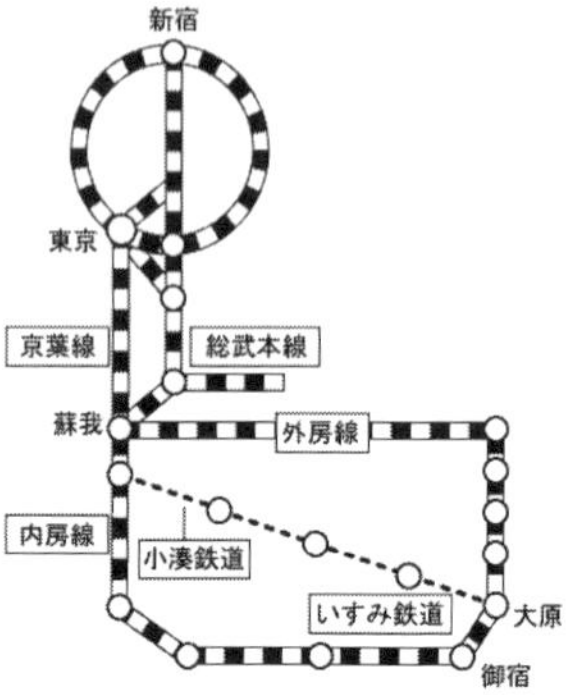

せてくれた。高架駅《こうかえき》となった茂原《もばら》駅、スイッチバックがなくなった大網《おおあみ》駅、都市化《としか》が進んだ土気《とけ》駅などは、年月の経過を否応《いやおう》なく感じさせた。

蘇我駅からの京葉線《けいようせん》乗車は、初めて。高層ビルが立ち並ぶ幕張《まくはり》、ディズニーランドの舞浜《まいはま》などを見るにつけ、竜宮城《りゅうぐうじょう》を訪れたウラシマ太郎の気分だった。

大原発七時四〇分、「おはようわかしお四号」は、東京駅地下二階に八時五五分に到着。一八年前、ＪＲ千葉駅の一つ先、ＪＲ西千葉までのぼくの通勤時間（御宿から）は、二時間五分だった。いまでは、東京まで特急で一時間一五分。まさしく、大原・御宿は、大東京の通勤圏《つうきんけん》となっていたのだ。「トーキョー、トーキョー」という終点・東京駅の放送を聞き、何か違《ちが》う世界に跳《と》びこんだような気がした。列車のデッキとプラットホームは同じ高さだった。迎えに出てくれた係員の許しを得て、独りで下りた。久方ぶりの列車乗車は、あきらめていた未知《みち》の世界《せかい》への挑戦《ちょうせん》の喜びをあたえてくれた。ぼくにとっては懐かしくも意義深《いぎぶか》い東京駅行きだった。

ぼくは、久しく忘れていた〝旅〟に出てみたいと思った。

その三　成田不動尊《ふどうそん》への参拝

元日のテレビでは、《成田山の参拝客は一五二万人を超えた》と報道していた。三カ日のうちに、ぼくも不動尊に逢えるか興味《きょうみ》がわいてきた。こうなれば、行くしかない。

JR成田駅前には、数え切れない参拝客《さんぱいきゃく》であふれていた。そこで成田高校前を通過《つうか》し、静かな成田山公園に車を着《つ》けた。途中からの歩道は坂道で、車いすで上がるのは大変だった。寒《さむ》さを予想《よそう》し厚着《あつぎ》で来たのでなおさらだ。思うように手が動かない。しかも、曲がりくねった急坂だ。

表参道《おもてさんどう》に車を回し、参拝客の中をゆっくりゆっくり進むが、大勢の人並みで思うようには進まない。参拝客が次々振り向く。「こんな所に車を乗り入れるなんて」と怒っているように見えた。

車で仁王門《におうもん》まで行こうとすること事態《じたい》が異常《いじょう》なのだろう。ここはいさぎよく、引き下がることにした。成田商工会館近くの民間駐車場に車をあずけ、表参道から再挑戦《さいちょうせん》した。

そこは、ＪＲ、京成《けいせい》両駅からのお客がいっしょになる所だ。歩行者との接触《せっしょく》が気になり思うように進めない。薬師堂《やくしどう》前の交差点《こうさてん》、横断歩道《おうだんほどう》から段差《だんさ》のある歩道に乗り上げる寸前には、「ごめんなさい」と大声を出さざるを得《え》なかった。

前を行く人に接触《せっしょく》しそうになり、あわててブレーキをかけたが、後ろ向きに倒れ、天を仰いでしまった。

駆け寄ってくれたまわりの人たちに担《かつ》ぎ上げられ、もとの姿勢《しせい》を取り戻した。怪我《けが》はない。介護者の持つ取手の部分がひっくり返る角度を緩《ゆる》くしてくれたのだ。ぼくは、とっさに背中を丸くし、頭をすくめ受身《うけみ》に入った。そうすると、後頭部《こうとうぶ》を打たなくて済《す》む。車いすは良くできていた。ぼくの車いすは、人ごみをさけ、いつの間にか反対方向に進んでいた。ＪＲの線路《せんろ》を渡《わた》り、Ｅ製薬《せいやく》成田工場をかすめ、駅の裏口にまわっていたのだ。でも、稲荷《いなり》神社方面や大蕪《かぶら》団地方面から近づこうとしても、ＪＲ成田線のガードが見当たらない。途方《とほう》にくれ、近くの中台《なかだい》運動公園駐車場で一休み。いすを倒して空を仰《あお》ぐ。なんと、遠くに「成田警察署」の看板《かんばん》を見つけた。「あそこだ」思わず叫んだ。

成田警察署では、警察官が三、四人集まってくれ、中台運動公園→郷部橋《ごうぶ》→出世稲荷神社《しゅっせいなりじんじゃ》→光輪閣《こうりんかく》と、行く先の道順《みちじゅん》をこまかく作ってくれた。

光輪閣の駐車場を利用し、エレベーターで三階まで上ると、本殿前《ほんでん》に出られた。しかし、賽銭箱は階段上《かいだん》だ。本殿を一周《いっしゅう》してみると、本殿の左がわにエレベーターがあった。朝から、何回挑戦《ちょうせん》を繰《く》り返しただろう。

やっとの思いであげた賽銭は《チャリーン》と誰《だれ》にも負けない気持ちよい音を出してくれた。今年こそよい年にしたいものだ。

その四　日本シリーズのチケット　ドラゴンズファンはやさしい

ぼくは、ドラゴンズファンだ。プロ野球日本シリーズ「中日・日本ハム戦」を見たくなった。販売《はんばい》開始日は一〇月一二日一〇時からだった。「日本野球機構《きこう》」を検索すると、「車いす席の申し込みは、一〇月二〇日一〇時から電子《でんし》チケットぴあでおこなう」と掲載されていた。

その日、ぼくは慎重《しんちょう》に電話をした。ところが、返ってくるのは「ただ今、混《こ》み合っています。後ほどおかけなおしください」という機械《きかい》の音声だけ。その声を何度聞いたことか。やっとつながったのは、なんと一六時五分だった。

しかも、係員は「車いす席は、第一戦から第七戦すべて完売《かんばい》しました。キャンセル販売は、二二日、一〇時から受け付けます」というではないか。二日前に断《こと》わられてもどうしようもない。JRの乗車券・特急券は購入済《こうにゅうずみ》。ホテルもタクシーも予約済なのだ。行くしかないではないか。


二二日、一〇時、新幹線のデッキから携帯《けいたい》をかけたが通じない。

一一時一〇分、名古屋《なごや》駅着。ナゴヤドーム近くの駅、JR大曽根《おおそね》駅に降り、入場券のキャンセル待ちを期待《きたい》し、ドーム入りしたのは一三時三〇分。問い合わせた総合案内所では「申し訳《もうしわけ》ありません。三八五〇〇席は、すべて完売しています。キャンセルの通知《つうち》もありません」という。チケット購入《こうにゅう》は、もはや不可能。せっかくやってきたが、諦《あきら》めた。

せめて、帰る前に、場所《ばしょ》取りに並んでいるファンの様子を見ようと行ってみると、(ARAKI)(IWASE)(…………)、ネームを記したユニホーム姿が、列を作って座りこんでいた。ぼくは、ためらわずに声をかけた。

「千葉から独《ひと》りできた滝口です。みなさんと一緒に写真を撮らせてください」

「いいですよ。看板《かんばん》が入った方がいいでしょう」さすがドラゴンズファン。

七人のファンが、気軽に立ち上がってくれた。すると、東海《とうかい》テレビの関係者《かんけいしゃ》も追いかけて来て、シャッター係りをかってでてくれた。

その上、事情を知って「よろしかったら、ぼくの券《けん》を譲《ゆず》りますよ。ゆうべ、第一戦を応援《おうえん》しましたので…」という人が現れた。

「いや、あなたが応援しないと、ドラゴンズ負けてしまいますよ」

「大丈夫ですよ。オーロラビジョンで応援しますよ」

そんな問答《もんどう》のあと、手にした券は、ライト側の外野席《がいやせき》二階四六列〇〇番だった。チケット代は二五〇〇円だった。購入時の交通費も入れ五千円札を渡した。

その人は、笑いながら「私はダフ屋ではありません。そんなことをしたら、つかまってしまいます」といって、おつりをくれた。何回もおれいを言って別れた。

第二戦は一六時一〇分に開場予定《かいじょうよてい》だった。七番ゲートでは、案内人が、エレベーターで三階に案内してくれた。一六時四〇分、すでに八割方の座席がうまっていた。車いすでは、指定席には行かれない。フロア見物を許していただく。

あきらめていた球場入り。しかも貴重《きちょう》な外野席《がいやせき》での観戦《かんせん》ができたのは、チケットを快く提供してくれたドラゴンズファンがいたからだ。その方のやさしさに感謝し、心ゆくまで応援を楽しんだ。

こうして、ぼくのドラゴンズ熱は、高まるばかりだ。

Ⅲ

ぼくの車いす地球めぐりから

旅の喜びは、ぼくの日常を豊かに彩《いろど》り、メリハリのあるものにしてくれる。

とはいえ、ぼくらが実際に旅に出るには、その日程・行程が車いすに対応しているかなど、事前準備が必要だ。

行った先で、さまざまなバリアに出会うことも少なくない。もちろん、意欲だけでは解決できないが、ぼくは怖くない。

どんな出来事にも、自分で対応することができるし、きっと誰かが助けてくれるという確信は、旅をするようになって、身につけたことだ。

こうして周囲の方がたの好意や援助を素直に受けることができるようになった自分に、ぼく自身がびっくりしている。

旅には、たくさんの出会いがある。人を受け入れ、受け入れてもらうことで人の輪も、平和の和も広がる。よりよく生きるためには、人との出会いを大切にしたいものだ。日本を離れてみると、日本の魅力や原風景を慈《いつく》しむ心が生まれてくる。

生まれ育った国でありながら、いまだに未知の場所がある。せめて、四七都道府県のすべてに行ってみたい。

世界には、一九三の国がある（二〇一一年一月一日現在）。

病魔にとりつかれてから、家をでることもままならなかったぼくが、いまでは世界を旅する魅力にはまっている。

ぼくが幼い頃は、海外旅行に出かける人は少なく、世界一周など夢のまた夢だった。いまでこそ、その気になれば、誰でも気楽に行くことができる。世界は、思いがけないほど身近なものになっている。

海外旅行には、行く先々で、世界遺産《いさん》や歴史的建造物、風景を見る楽しみもあるが、歴史、文化、宗教、食べもの、そこに住む人々とのコミュニケーションなど興味はつきない。

ただ、戦争や紛争の渦中《かちゅう》にある国々には行かれない。海外旅行も平和あってこそだ。世界の人々とぼくらの交流は、世界の平和の礎になると信じている。まだまだ、行きたい国、会いたい人はいっぱいいる。

思い返してみれば、初めての海外旅行では、甥っ子が頼りだった。次いで、慣れるまでの数回は、ボランティアや通訳にフォローをお願いした。それがいまでは、ほとんどが独り旅だ。もちろんさまざまな他人力でカバーしている訳だが、不足のところは持前の度胸と愛嬌で補っているのだから、思えば成長したものだ。ぼくの地球めぐりは、まだはじまったばかり。

現在のところ、年二回をめどに、海外旅行にでかけ、通算一七回一四カ国を訪問した。老親を抱えている家庭の事情から、最近では、長期の海外旅行はできなくなっている。家庭の事情が許せば、また出かけるつもりなのは言うまでもない。世界は広い。〝若者よ　旅に出でよ〟だ。

さて、旅行記は、前著で綴った。本書では、見て・聞いて・触れて・食べてよしの国内バージョンのいくつかと、海外では、三重苦（高齢者・車いす・外国語がしゃべれない）のぼくの「迷子話」などをしよう。

旅は試練の場？　なにがあっても、大丈夫編

旅にバリアはつきものだと言ってもよい。まして、車いすでの独り旅では、途方にくれることも少なくない。この一つひとつをクリアできると「何があっても大丈夫」という気持になれる。

イタリア　ベローナで迷子になった！

城壁《じょうへき》に囲まれた北イタリアの世界遺産ベローナ。あのシェイクスピアの「ロミオとジュリエット」の舞台としても知られる街だ。中世の町並みがそのまま保存され、中心部には古代ローマ時代の円形競技場がある。毎年夏には、アイーダなどの野外オペラが開催されることでも有名だ。

イタリア旅行に行った。ベネチアへの途中、ベローナという町に立ち寄った。コロッセオまがいのドーム前でバスを降りた。ロミオとジュリエットが登場するジュリエットハウスを見た後、小物を買い求めたのが災難《さいなん》の始まりだった。バス停に戻る道順《みちじゅん》が分からなくなってしまったのだ。

どこの国に出かけても、ぼくには三重苦《さんじゅうく》がある。老人、車いす使用者、外国語がしゃべれない、とりわけイタリア語はからきしだ。

先ず日本人の観光客を見つけることにした。すると運良く日本人の女子大生が現れた。まるで救世主《きゅうせいしゅ》に見えた。ことの次第を話すと、マップを広げ教えてくれた。ところがそのとおり進んだらまた元のところへ戻ってきてしまった。また日本人との接点《せってん》を求めたが、今度は成功しない。

こうなったら土地の人に頼るしかない。

「ブオンジョルノ」（こんにちは）、「モンテグラッツィエ」（ありがとう）だけは言える。それらを交えた得意の手振り身振りをすると、相手は「コロッセ？　ローマ？」と首をかしげたが、そのうち分かってくれたようだ。説明の通り行動したら、二つの信号を渡ることができた。しかし、車いすを進められない。

今度は、「ブオンジョルノ」からはじめてみた。相手は、「ノン　イタリアーノ！（イタリア人ではありません！）」と叫び、急ぎ足で行ってしまった。

どうやらドイツ人のようだ。ぼくには、外国人の見分けは、まだおぼつかない。最もここでは、ぼく自身が外国人。見分け方なんてどうでも良いことだ。日は陰《かげ》ってくるし、うすら寒い風に見まわれるし、なんだか心細《こころぼそ》くなってきた。旅の途上では、こんなときには、宿泊ホテルに電話するか、タクシーを捕《つか》まえることにしている。

だが、ホテルの電話からは、イタリア語しか返って来なかった。事前に、「流しのタクシーはどこに連れて行かれるか分からないから乗るな」と注意されていたし、「決められた場所に駐車《ちゅうしゃ》しているタクシーは、大丈夫だ」と教えられていたが、乗り場は、降車《こうしゃ》したバス停のところだった。

宵闇《よいやみ》は一そう迫《せま》る。ここで野宿かと途方《とほう》にくれた。突然、目前の観光売店のカーバイトの光が見えた。そうだ！　あのコロッセオの絵葉書を手に入れ、指差《ゆびさ》せば、バス停の場所を教えてもらえる。急いで売店に行く。あの絵葉書があった。ユーロ札と交換《こうかん》。また土地の人たちとの手話が始まった。絵葉書を掲《かか》げ、いくつもの動作を繰《く》り返すと、今度はスムースに意志《いし》が通じた。

信号の数だけ指を折ってくれた老人、数歩歩いて右に曲がり、また数歩歩いて右に曲がる動作をしてくれた中学生、紙面にボールペンで書いてくれた女性など、言葉の通じない日本人に、何人もの人が係《かか》わってくれた。誰もが丁寧に教えてくれた。おかげさまで、無事にバス停留所に着けた。

以前、訪問したシドニー日本人学校には、たくさんのオーストラリア人の子弟が学んでいた。「お互い言葉が通じるのですか」と質問した。

「お互い、恥ずかしいなあと終わってしまうのでなく、片言の英語と日本語で話をしていますよ。うまい言葉が見つからない時は、身振り手振りでやっています。そうしているうち仲良しになります。一番大切なことは『心』です。優《やさ》しい心と優しい心は必ず通《かよ》います。言葉が通じなくとも心で通じるのです」案内してくれた日本人の学校長さんの言葉が、いまも忘れられない。

士林夜市《しーりんいえしー》をさまよう

士林《しーりん》は、東京の六本木・原宿に匹敵する台北の繁華街だ。夜は、《士林夜市》と名乗り、人波でごった返すという。ボランティアのMさんに同行を願い、出かけることにした。北京語の不得手なぼくは、紙片を十枚程度用意し、会話に利用した。

手始めにタクシー運転手に《士林》と記したメモを渡した。《剣潭《けんたん》》駅近くでタクシーを降りたら、目の前に「士林夜市美食広場」という華美なネオンサインが目を覆う。

市北部の士林は、たそがれ時でもすでに沢山の人ひとで一杯だ。進行を妨げられる度に「ワンシャンハオ　ワンシャンハオ　ワンシャンハオ　………（今晩は）」と、何回も繰り返す。さすが台北一の夜市、間口の狭い店がひしめき合っている。夜市には、噂どおり沢山の屋台があり、その数二〇〇店というところか。その規模の大きさと熱気に圧倒され、《見るだけで食べずに帰ってきたよ》という友人が居たっけ。

Mさんがエンジン係（押す係）、ぼくが、「ヤンシャハオ」と叫ぶ係（人分け係）となり、一通り見ることにした。衣料品・食料品・靴・小物などの店が軒を連ねている。

士林近くでは、自炊している学生は珍しいという。屋台で食事を済ますらしい。それだけ安価で、豊富な食材とメニューが用意されているからだろう。

「行列ができる名物屋台」は二〇店ぐらいあったかな。でも一〇分も待てば店に入れそうだ。夜市に来た記念にと、行列の仲間入りをする。多種多様な匂いと熱気に圧倒される。以前、神戸の中華街で食べたヤキソバの一品料理を注文する。ライス・汁・漬物付きで日本円六八〇円。中華街は、九八〇円だったが…。

食べ物屋台A↓洋服・アクセサリー店↓めがね店↓食べ物屋台Bと進むにつれ、人混みが激しくなった。車いす上のぼくが、避けてくれた人に「シェーシェ（有難う）」「シェーシェ」と丁寧に挨拶する。押す係りのMさんはその都度、力加減に苦労したようだ。台北入りする前、印鑑用の水晶が安いと聞いていたので探すことにした。《印鑑・水晶》の紙片が通行人の目に留まったのだろう。骨董《こっとう》品の並ぶ店を教えてくれた。

その後、なんとMさんの姿を見失った。やっと探した洋式トイレに一人で行ったのが間違いだった。そして勝手に探し始めたのも…。五分以上一人で探しまわった。「シェーシェ」「シェーシェ」と叫び、群集をかき分け進んだ。

やがて広場に出た。「慌てることはない。一晩中、探していてもいいや。いつかは逢えるだろう」「最悪は一人でタクシーを拾って宿泊ホテルに帰えればいいや。Mさんもそうするだろう」なんて気楽に考えることにした。

右往左往していたら、始めのヤキソバ店近くで、Mさんと再会した。男同士、肩を抱き合って喜んでしまった。とたんに二人とも「腹へった」と叫んだ。

悪縁を切るとは表向き、空腹を満たすため、またしても二人で食堂《美食店》入りした。

帰りは、黄色いタクシーの運転手に、またもや宿泊ホテル《美麗華《みれいか》ホテル》と書いた紙片を渡し、無事帰還した。

上海《シャンハイ》駅かいわいで　露天商に追いかけられる

上海市は、中国の直轄《ちょっかつ》市でいまや世界有数の世界都市だ。中国の商業・金融《きんゆう》・工業・交通などの中心の一つである。経済面でも首都の北京市をしのぐ。その活気には目を見張るものがある。

爆発的《ばくはつてき》な発展《はってん》を遂《と》げている巨大都市・上海、この街中を車いすで漕《こ》いでみたかった。

すでに、二一時だというのに、国有鉄道《上海駅》近くの探訪《たんぼう》に出かけた。高層ビルのネオンサイン、見事なイルミネーションが派手《はで》に迎えてくれる。

腕をくむ若者。大きなバックを背負《せお》った老夫婦、お登りさん然とした娘さんなど多種多様《たしゅたよう》だ。一日三〇万をくだらない昇降客があるという。そんなお客を当て込み、物売りも半端《はんぱ》ではない。

唐代《とうだい》の詩人張継《しじんちょうけい》の「月落《つきお》ち烏鳴《からすな》いて霜天《しもてん》に満《み》つ」で始まる漢詩《かんし》「楓橋夜泊《ふうきょうやはく》」と書かれた掛《か》け軸《じゅく》が目に入った。露天商は、目の鋭《するど》い強面《こわおもて》の青年だった。「ドウシャオチェン?(いくらですか?)」と知ったかぶりして、中国語を投げかけたのが悪かった。日本人と分かったのだろう。

店を出たぼくを、掛け軸を小脇に掲げ「二〇〇〇元、二〇〇〇元……」と言いながら、どこまでも追いかけてくる。慌てて「ノー、ノー……」と言いながら逃げた。今度は、「三〇〇〇円、三〇〇〇円……」と叫んでいる。そのうち、叫び声は「二〇〇〇円。二〇〇〇円」となり、ついには「五〇〇〇円」と下がってきた。どうしても売りつけたいらしい。

怖《こわ》くなり人ごみをかき分け、かき分け逃げ、調べておいた地下鉄一号線の上海駅の改札口に飛び込んだ。改札口には、頼りになりそうな駅務員か警備員《けいびいん》らしい人がいた。助かった。怖かったので五分ぐらいその袂《たもと》でじっとしていた。その後は、一目散《いちもくさん》に宿泊ホテルプラザウイングの玄関を目指した。

ツアーは、朝九時、出発だと言う。朝食を八時三〇分に設定《せってい》し、昨夜の探訪《たんぼう》の続きをと早朝六時三〇分に街へ繰《く》り出した。上海駅行きは懲《こ》り懲りだ。目指すのは中国きっての汚染《おせん》された川、イタイイタイ病で日本の新聞紙上を賑《にぎ》わしていた川、《蘇州河《そしゅうかわ》》だ。高層ビルとは対照《たいしょう》に黒いリボンのように市内を漂《ただよ》っているという。《恒豊路《こうほうろ》》を右折し、《天目西路《てんもくさいろ》》と表示された道を進むと、それらしき川にたどり着いた。でも黒いリボンは見当たらない。むしろ清流に近い。紙片《蘇州河》を掲げ、

上海のホテルが出発点

川面を指先で示し「ヒア、ヒア」と叫ぶが、早朝の通勤時間のこと、誰一人近寄って来ない。やがて竹ほうきを持った老人が近づいて来た。

K老人は「徐々《じょじょ》に浄化《じょうか》されてきた。二〇〇一年には数十年来、見ることのできなかった魚たちが戻ってきた」「今日もその魚を見たくて掃除に来た」と熱心に話してくれた。

Kさんとの会話は、環境浄化《かんきょうじょうか》に関心のあるぼくに、時を忘れさせた。「ザイジェン（さようなら）」と挨拶《あいさつ》を交わした時

には、もう八時二〇分を過ぎていた。

ホテルは近距離《きんきょり》と思ったが、知らない土地のことだ。迷子《まいご》になっても会話ができない。時間も限られている。タクシーの世話になることにした。上海のタクシーは、運転席がアクリル板で囲《かこ》われている。《PLAZA WING》と書いた紙片をアクリル板越しに示すと、ただちに発車してくれた。

人っ子一人いなかったネバタ砂漠《さばく》

ネバタ砂漠は、カルフォルニアのシェラネバタ山脈にある広大な砂漠だ。「ネバタ」とは、「雪におおわれた」というスペイン語の形容詞に由来する。夏は酷暑《こくしょ》、冬は厳寒《げんかん》のグレートベースン（ロッキー山脈とシエラネヴァダ山脈の間にある広い乾燥した地域）の中にある。ぼくには、無縁だが、この州には、ギャンブルの町ラスベガスがあることでも有名だ。

ラスベガスの派手《はで》なネオンより、砂漠の風景に興味が沸《わ》いた。前日訪れたマーケット（ベルツ・アウトレット）までの砂漠風景も忘れられない。

宿泊地（ルクソール・ホテル）からマッカラン国際空港をかすめ、昨日訪れたマーケットに行く予定だった。でも、片道一時間経《た》ったら、途中でも同じ道を引き返すことにした。自分の力量《りきりょう》と相談した結果だ。

マッカラン国際空港の塀《へい》に沿った歩道は、切り立った石塊《せっかい》が、敷《し》き詰《つめ》られている。パンクしても修理《しゅうり》は不可能だ。いつ、タイヤが切り裂《さ》かれてしまうかと心配だったが、タイヤがなくなってもそれはそれで仕方ないかと開き直ったら、心が平静《へいせい》になった。歩道の中の獣《けもの》道（鹿・猪《いのしし》などの通行で自然につけられた道、歩きやすい所）を選んでそろりそろりと進んだ。

いつの間にか、空港の塀は消えていた。左側は西部開拓《かいたく》当時のモーテル、カジノバー、ガソリンスタンド、コンビニなども、時どき顔を出す。さらに進むと、左右いずれも、地平線の見えるまさしく荒涼《こうりょう》とした砂漠が見えた。所々に通称《つうしょう》ブッシュと言われるナガハグサ（芝生の一種）ベンケイチュウ（サボテンの一種）がはえている。遠くには岩石が横一線にあり、遙《はる》か彼方《かなた》にはネバタの根雪《ねゆき》が地平線をかたどっている。

「思えば遠くに来たもんだ」という歌がある。人っ子一人いない砂漠にいる自分の存在が夢のようだ。

ところが人に逢ったのだ。遠くのほうから歩いて来る。近づいてきたのは、一八〇センチ、一〇〇キロ近くの黒人の大男だった。さすがの強心臓《きょうしんぞう》のぼくもこんな場所での出会いに、急に恐ろしくなった。

「ピストルを突《つ》きつけられたら」「金品を所望《しょもう》されたら」「衣服を脱《ぬ》がされたら」なんて想像が頭をよぎる。

「ハロー」と小声でささやいてみると、「Have a nice Day（良い一日を）」

と言ったようだ。心底《しんそこ》から「Thank you very much」と言って別れた。ほんとうはこの後《あと》、彼の援護《えんご》が必要だったのだ。大変な事件に遭遇するのだから…。

デンバーとロサンゼルスを結ぶ、大陸横断《おうだん》鉄道の踏《ふ》み切りには歩道がない。八車線の車道に入らなくてはならない。歩道は勾配《こうばい》1／10ぐらいの上り坂。しかも車いすで車道に上がるには五センチメートルの段差がある。八車線の車道は、一〇〇キロを超えるスピード車の大群《たいぐん》。停車を知らせるため、大げさに左手を持ち上げ、上がる動作

八車線の大陸横断道路

を試《こころ》みた。でも車は車線変更してくれない。三回目にやっと一車線空けてくれた。「今だ」と試みたがスピード不足で後方《こうほう》にひっくり返ってしまった。幸い、車いすの取手がクッションになり、怪我《けが》はしなかった。

「ヘーループッ！」「ヘーループッ！」空に向かって、ありったけの声で叫んだ。どうにかこうにか……車線上の人になることができた。ほっとした。

鉄道線路は二車線。線路の凹凸にはまらないよう慎重《しんちょう》に運転した。線路《せんろ》を越えて休憩《きゅうけい》したら、汗がどっと溢《あふ》れてきた。

どこまでも青い空には、幾重《いくじゅう》もの飛行機雲。ここは広い～広いアメリカ合衆国《がっしゅうこく》のネバタ砂漠だ。

旅は行くものだ　見て・聞いて・触って・食べて

自慢ではないが、ぼくの五感（視、聴、嗅、味、触）は、きわめて健全だ。つきない興味・関心、探究心が、そのそれぞれに磨《みが》きをかけてくれる。まして、そのそれぞれが、二度と行けない、見られないかもしれないなどと思ったら、なおのことだ。その場面、瞬間を大切にしたくなる。すべてをしっかりと味わいつくし自分のものにしたいと思う。

ともかく、「百聞《ひゃくぶん》は一見にしかず」だ。旅は行くものと心得てほしい。

ここでは、国内六つの体験を紹介しよう。

蔵王《ざおう》モンスター

ワイルドモンスター（雪上車）で行く《みやぎ蔵王《ざおう》の樹氷《じゅひょう》めぐりツアー》に参加した。

九時出発、二時間弱《じゃく》のツアーだった。

「出発点の標高《ひょうこう》は一一〇〇メートルで、これから四〇分かけ、五〇〇メートルの坂道《さかみち》をワイルドモンスターは駆《か》け上がります。係員《かかりいん》はみなスキーのベテランです。安心《あんしん》して景色《けしき》を楽しんでください。今日はこれでも上天気《じょうてんき》です。皆さんの心がけが良かったからでしょう」扉《とびら》に立ち、優しい声でガイドしているのは、ぼくを抱きかかえてバスの中に運《はこ》び込んでくれた大野《おおの》君だ。

標高一一〇〇〜一二〇〇メートル付近は、太《ふと》い枝にまだらについている雪、雪、雪景色《げしき》。一三〇〇～一四〇〇メートルになると、落葉樹《らくようじゅ》の細《ほそ》い枝一本一本は白く凍《こお》っていた。これを霧氷《むひょう》というらしい。

「夜分《やぶん》、寒《さむ》さが厳《きび》しければ厳しいほど、風が強ければ強いほど、白の輝《かがや》きが一段と美しくなります。どうです。眼下《がんか》を見てください。三六〇度の樹氷原《じゅひょうげん》が一大パノラマに展開しているでしょう……」大野君の説明が続く。

外の気温はマイナス一〇度以下だというのに、ワイルドモンスター内は適度《てきど》な暖房《だんぼう》だ。温度差《おんどさ》が激《はげ》しいのだろう窓ガラスはすぐ曇《くも》る。そなえつけの窓ふきでこする先から、吹き上げる粉雪《こなゆき》で外側が曇ってしまう。一大パノラマは、運転席のワイパー部分で我慢《がまん》せざるをえない。

いよいよ一五〇〇～一六〇〇メートルに上がっての蔵王モンスターとの対面《たいめん》だ。突然《とつぜん》、窓わくにニューッとモンスターが現れる。窓を開け、シャッターをきり、大急ぎで窓を閉《し》めないと、手がたちまちしばれて（北海道、東北では厳《きび》しく冷《ひ》え込むことをいう）しまう。さまざまなモンスターたちとの対面に、何度、窓を開けたことだろうか。でもカメラの再生モードには、よく撮れた作品は一つもなかった。カメラマンの腕《うで》ではなく、悪天候のせいだと責任逃《せきにんのが》れをしよう。

大野君が途中《とちゅう》で下車《げしゃ》して、《海老《えび》のしっぽ》の破片《はへん》をとってきてくれた。

雪片《せっぺん》が突起《とっき》にぶつかると海老のしっぽに似《に》た形になり、過冷却《かれいきゃく》水滴がのりの役目をして雪片をとじこめ、樹氷《じゅひょう》が更に成長するのだという。手にするとさらさらの砂のようだ。乾《かわ》ききった口に含んでみると、これがおいしい。でもその冷《つめ》たいこと。氷にも温度差があるのだろうか。

吹雪の中のスノーモンスター

スキー、スノーモービルはマイナス一〇度以下になると、禁止《きんし》だという。ぼくが対面したワイルドモンスターは、世界でも類《たぐい》まれな最大級もので、戦車のようなキャタピラで凹凸の雪道を自由自在に進行するのだから、確かにかっこいい。立てない・座れない・歩けないぼくが、足を踏《ふ》み入れることができたこの白銀の世界に乾杯！

絶景の黒四ダム

富山《とやま》・立山《たてやま》駅→登山《とざん》電車→ケーブル→高原《こうげん》バス→トロリーバス→ロープウェイ→

ケーブルカー↓徒歩↓トロリーバス↓路線《ろせん》バス↓長野・信濃大町《しなのおおまち》のアルペンルートは一生に一度は行きたかった。そして高さ一八六メートルの黒四ダムの提《つつみ》を、車いすで思いっきり漕《こ》いでみたかった。

立山駅《たてやまえき》↓美女平《びじょだいら》↓弥陀ヶ原《みだがはら》↓天狗平《てんぐだいら》↓室堂《むろうどう》間は、何と新宿駅西口から利用した貸切バスがまわってくれた。料金所は特別に通してくれた。

室堂（標高《ひょうこう》二四五〇メートル）のターミナルは、一一月だというのに、さすがに寒《さむ》い。前面に見える主峰《しゅほう》「雄山《おやま》」から目を三六〇度移した弥陀ヶ原の一大パノラマは、人一倍お喋《しゃべ》りのぼくの口を封《ふう》じるほど見事だった。

次の日は、弥陀ヶ原のMホテルを起点として、高原バス、トロリーバス、ロープウェイ、ケーブルカー、路線バスが、ＪＲ信濃大町《しなのおおまち》までどのように連れて行ってくれるのか興味津々《きょうみしんしん》。

室堂までの高原バスは、添乗員《てんじょういん》の肩にしがみついて乗せてもらった。立山トンネルトロリーバスは、移動式《いどうしき》のスロープ盤《ばん》で乗り、車いす席のある車両《しゃりょう》にお世話になった。立山ロープウェイ駅（大観峰《だいかんほう》）から眼下《がんか》に見えた黒部湖《くろべこ》は、色とりどりの極彩色《ごくさいしき》のじゅうたんのような山々に囲《かこ》まれていた。これを「黒部のへそ」というそうだ。

黒部平《くろべだいら》からの北アルプスの尾根《おね》は、万年雪《まんねんゆき》と真紅《しんく》・黄金《おうごん》の樹木《じゅもく》であふれて絶景だった。

乗車《じょうしゃ》時間五分と言う黒部ケーブルカーは、秋の観光《かんこう》シーズンだけあって、待ち時間が長かった。四五度はありそうな階段《かいだん》を、切符売り係などを動員して四人がかりで車中に担《かつ》ぎこんでくれた。

ケーブルカー駅終点は「黒部湖」だ。一〇〇メートルはあろうかという下りのトンネルを出るとダム突堤《とってい》だった。いよいよ待望《たいぼう》の黒部ダム、先ずは、放水を見学。ものすごい音がした。次は待望《たいぼう》の突堤漕ぎだ。出口まで引返《ひっかえ》し、ダムの突堤を全速力で走りはじめた。幸《さいわ》い、並み居る観光客は、両端《りょうたん》の歩道をぞろぞろ歩くのが大半《たいはん》だ。道程二〇〇メートルぐらいを漕いだ。高原の涼風《りょうふう》が心地よい。

「黒部ダム」という関電《かんでん》トロリーバスの駅では、二本のスロープ板で車中に入る。扇沢《おうぎさわ》には東京からのリフトバスが迂回《うかい》、前日温めていた席に座ることができた。自宅から、自家用車、特急電車、リフトバス、高原バス、トロリーバス、ロープウェイ、ケーブルカーと乗り継《つ》ぎ、今回も、ぼくの力だけでは行けないところに、また一つ行くことができた。ありがたいことだ。

郡上《ぐじょう》八幡おどりに〝袖しぼる〟♪♪

久し振りに新幹線（のぞみ）のグリーン車に乗った。ＪＲ名古屋《なごや》駅下車。迎えのリフトつきバスで、二〇〇八年七月五日に開通した東海北陸《とうかいほくりく》自動車道を走る。うわさどおり、トンネルの連続《れんぞく》だ。

今回の目的は、郡上八幡《ぐじょうはちまん》の盆《ぼん》おどりへの参加だ。果たして車いすでおどりの輪に加えてもらえるだろうか。

手始めに街中《まちなか》を巡《めぐ》る。街中を流れる吉田《よしだ》川（長良《ながら》川の支流《しりゅう》）では、岸壁《がんぺき》（学校橋の下）から飛び込む少年たちの姿があった。旧役場裏《うら》の《いがわこみち》と称する小川のせせらぎでは、急流《きゅうりゅう》を飛び上がる川魚が見えた。

日本名水百選《にほんめいすいひゃくせん》に選ばれた宗祇《そうぎ》水をゆっくり飲み、コーヒー店で《郡上おどり》と書かれた提灯《ちょうちん》（ぼんぼり）の火入れを待った。

郡上おどりは、七月中旬から九月上旬にかけ、町内のあちこちの縁日《えんにち》で交代でおこなわれ、三二夜にわたっておどり通すという。今回出かけた八月二四日（土）は、《上桝形町《うえますがた》》が当番だった。

二〇時～二一時が本番だというのに、上桝形町に到着した一八時三〇分には、すでにおどりの輪《わ》ができていた。浴衣《ゆかた》に下駄《げた》、そして背中《せなか》に団扇《うちわ》をさした人たちが、どこからともなく次々と集まってくる。二〇時近くなると、輪がさらに大きくなり、四重にも五重にも膨《ふく》らみはじめた。

《郡上の八幡　出てゆく時は　雨もふらぬに　袖《そで》しぼる》

《アー　ソンレンセー》《袖しぼるー　袖しぼる》

《アー　ソンレンセー》

《雨もふらぬに　袖しぼる》……以下唄囃子《うたはやし》、通りことば……。

先ずは、合言葉《アー　ソンレンセー》を口ずさみ仲間入りをする。次に《郡上の八幡……》を物まねで唄《うた》ってみる。

次に、おどり手の手さばきをまねる。いつの間にか、自然と輪の中に車いすの身を預《あず》けてしまった。《……雨もふらぬに……》を口ずさみながら手を挙げる。そして大急ぎで前進する。また片手を挙《あ》げ、もう片手で車いすを漕《こ》ぐ。二回手を打つ動作では大急ぎで一回だけ手をたたき、大急ぎで車いすを前進させる。後続《こうぞく》の娘さんは、適度《てきど》の間隔《かんかく》を保ってくれ、前を行く幼女たちは、車いすにぶつからないように注意深く手足を動かしてくれた。

《七両三分の春駒《はるこま》　春駒（ホイ　ホイ）郡上は馬どこ（ホイ　ホイ）……》このメロディは、手さばきが激《はげ》しく、とてもついていけない。ハルコマ　ハルコマ　ホイ　ホイの部分だけは、おどり手からはなれ、大声で叫んだ。

輪から遠ざかり、そっと目を閉じる。鐘《かね》・笛などのお囃子《はやし》、下駄の音、それに吉田川のせせらぎの音が心地《ここち》良いハーモニーを届けてくれる。ふっと天空《てんくう》をあおげば、満点の星。天の川もくっきりと見える。烏帽子岳《とりぼうしだけ》の上には、ぽっかりと下弦《かげん》の月が浮かんでいた。

この狭《せま》い山麓《さんろく》に四〇〇年続くという盆おどりの風情《ふぜい》を、この目・耳で直《じか》に感じ取ることができて幸せだった。おどりに浮かれて、日本中の虫たちも、集まったのだろうか。「コロコロ、チンチロ、ガチャガチャ……」と大合奏《がっそう》がどこまでもバスを追いかけてきた。

仙台の七夕飾りが見たい！　日本一の七夕飾り

昨秋、仙台・松島を訪れた。寄り道した店には、七夕のポスターがどこにも貼《は》り出されていた。「牛タン屋K」のご主人は誇らしげに言う。
「仙台の七夕は東北四大祭り（青森ねぶた・秋田竿灯《かんとう》・山形花笠《はながさ》・仙台七夕）の一つです。何といっても東北の中心地であり、四大祭りで最高の人出で、昨年の観客《かんきゃく》は、二〇〇万人を越えたそうです。あれだけ豪華絢爛《ごうかけんらん》なくす球・吹流《ふきなが》しは、仙台でしか見られませんよ」

ぼくも二〇〇万人の一人になりたいとやってきた。藤崎《ふじさき》ファーストタワー館前でバスから降り、クリスロードに入る。ここは、中央通り七夕かざりと名打つだけに、人波でいっぱい。おまけにアーケードで囲《かこ》われている。暑くて仕方がないが、立ち止まって汗を拭《ふ》こうものなら、行き来する人の邪魔になる。東一番丁通りまでの二〇〇メートルは、倍近くの距離に思えた。行く先々、至る所に豪華絢爛たるくす玉、吹流しなどの飾りが吊《つ》るされている。織姫《おりひめ》の織《お》り糸《いと》を象徴《しょうちょう》している吹流しは、飾りつけの王様だ。そのトンネルの下を、見物客が行き交う。救いは吹流しの下部が、頭上より高いことだ。健常者《けんじょうしゃ》は、飾りを避《さ》けて通るが、車いすユーザーは、前がよく見える。「来たな」と構《かま》えるが、先方は、飾りの影から突然やってくる。どちらからともなく「ごめんなさい」の言葉が飛び交う。中央通りを左折し、「東一番丁通り七夕祭り」と書かれた通りを、南通りまで行ってみた。ここは笹《ささ》飾りの間から青空の見えるところだ。笹の葉が揺《ゆ》れてすがすがしい。気分爽快《そうかい》になり、アイスクリームを求めに、露店のベンチに向かう。市役所前の広場は、出店が多い。焼印《やきいん》、金魚すくいなど昔をしのばせる。

郊外《こうがい》の牛タン屋での昼食は、一四時を過ぎていたろうか。祭り見物のバスツアー客は、郊外で昼食をとり、大型土産店によるのが定番のようだ。フロント係はその対応に大忙《いそが》しだった。仙台の七夕は、第七代　伊達重村《だてしげむら》（徹山《てつざん》）の時代に、一日くり上げて六日におこなうようになったそうだ。当時、七夕の笹のついた竹は、小枝を落とし物干竿《ものほしさお》に使用し、リサイクルしたとか。今日見た竹は、一〇メートルにも及ぶ孟宗竹《もうそうちく》だから、物干し竿になるまいが、その数は約三〇〇〇本を越えるという。七夕かざりは、市民や各商店が、時間をかけ、工夫を重ねた手作りそのもの、伝統《でんとう》と現代的なセンスが光る。

ぼくも、一年に一度の「織姫《おりひめ》と彦星《ひこぼし》の出会い」を喜び、数えきれないほどの願い事をしの竹に書いて大きくなった。幼い日に、母と七夕の歌を口ずさんだことを思い出した。七夕は、日本全国共通の行事であり、夏の風物詩。ここ仙台は、その発祥《はっしょう》の地だ。仙台の七夕祭りを見て再認識したのは、これは日本一豪華《ごうか》な七夕だということだ。

あの大津波は五キロも押し寄せたという。還らぬ人・失ったものの多さと、被災地のご苦労を思うと胸が痛む。どうか、一日も早く復興し、ぼくをまた二〇〇万人の観客《かんきゃく》の一人にさせてください！

日本最後の清流《せいりゅう》・四万十川《しまんとがわ》で

「根岩《ねいわ》の上に丸石が積み重なっている澄《す》み切った川底、開発の手が入っていない亜熱帯《あねったい》植物だけしか見えない自然林、浮雲《うきぐも》がゆっくり流れるでっかい青空、自然林・青空をそのまま映《うつ》し出す水面」これを見たければ、四万十川しかない。

四万十川の微風《びふう》を思い切り吸い込みたくなった。「佐田沈下橋《さたちんかばし》」の畔《あぜ》に、目的地の「屋形舟《やかたふね》　さこや」がある。沈下橋の上で、作務衣《さむえ》姿の主人公・荒地秀明さん以下通称荒さん）が待ちわびていた。

ごろごろした玉石《たまいし》の上を二人がかりで運んでくれた。近くにあった菅笠《すげがさ》を被《かぶ》り、舟下り気分をもり上げる。屋形舟に乗ったのは、最上川《もがみがわ》下り以来一〇年ぶり。師走《しわす》だというのに、窓を開けても寒さを感じない。むしろ水面を渡ってくる風が心地よい。浅瀬《あさせ》の川底には、突然《とつぜん》の訪問者《ほうもんしゃ》におどろく鮎《あゆ》の群《む》れが見える。川面《かわも》は屋形舟が作り出す波動《はどう》のみ。目をつぶると、ピーピーという小鳥の囀《さえず》り、ポンポンという屋形舟のエンジン音だけが耳に届《とど》く。時には、鮎の飛び跳《は》ねる音、小鳥の飛び立つ音がかすかに聞こえるだけ。自然の摂理《せつり》だけでなりたつ世界もあったのだ。

どこまでも静かな四万十川

曲がりくねった川は、絶壁《ぜっぺき》と砂洲《さす》が交互に目を楽しませてくれる。上流の「三里沈下橋《みさと》」を見届け、船はUターンした。突然《とつぜん》バタッバタッと水上を駆《か》けめぐる羽音《はおと》がした。カイツブリだという。鷺《さぎ》が小首をかしげて小魚をねらっていた。ここは、いろいろな動物の宝庫《ほうこ》なのだ。荒さんは、時どき、エンジンを止め、四万十川の宣伝《せんでん》に懸命《けんめい》だ。

「近頃は、めったに鮎《あゆ》はかからないですよ」

荒さんは、前置きしながら、へ先で投網漁《とあみりょう》を実演してくれた。投網漁で生計を立てているだけに見事な円形を作り出した。前置きの通り、大振りの鮎漁はなかった。採れた鮎は七輪《しちりん》であぶってくれる約束だったが…。自然を大切にする漁師の一面を見た気がした。

食堂の水槽《そう》には、四万十川の主・アカメが、悠々《ゆうゆう》と回遊《かいゆう》している。噂《うわさ》の通り目は赤い。四万十川のアカメを広く世に知らしめたのは、何といっても矢口高雄《やぐちたかお》さんの《釣《つ》りキチ三平》だろう。

ぼくも、できることなら、三平になりきって、沈下橋に車いすを位置づけ、日本最後の清流・四万十川の幻《まぼろし》の魚を釣り上げる醍醐味《だいごみ》を味わいたいものだ。幻の魚・アカメが、異色《いしょく》な人間・車いすユーザーのぼくに、格別《かくべつ》の興味を示してくれるかもしれないから…。

山形さくらんぼ狩りへ

「いずれ機会《きかい》があったら、旅をごいっしょしましょう」と言い交わしてきた東京都《とうきょうと》江戸川区《えどがわく》のKさんとのバリ島での約束が実現《じつげん》。

NHKの番組《にんげんゆうゆう》で「障がい者の生きがいづくり」として旅を取

り上げるという。行く先は山形《やまがた》・東根《ひがしね》のサクランボ狩りだ。計画では、列車利用だったが、JR東根駅からの移動手段《いどうしゅだん》を考え、ぼくが自家用車行きを主張《しゅちょう》した。同行者は電動車いすのKさん夫妻《ふさい》、ボランティアの旅行会社勤務《きんむ》のBさんだ。それにNHKの取材班《しゅざいはん》の車が追いかけてきた。

国道一三号の両脇《りょうわき》には、サクランボ用の巨大なフレームが沢山《たくさん》ある。出入り口から、真っ赤に実ったサクランボが、ぼくたちをまねく。でも車いすで入れそうな観光農園《かんこうのうえん》にはなかなか出会えない。

ようやく観光農園「チェリーG」に車を止められたのは、一六時を過《す》ぎていた。小雨まじりだったが、フレームの中は雨知らず。客の通り道には、シートが敷《し》きつめられ、そこを走る電動車いすの速いこと。

目は、とっくにサクランボに釘付け。

ぼく「これが噂《うわさ》に聞くサトウニシキですか」、

K「肉質《にくしつ》があついですねえ」、

ぼく「スーパーにある外国産とは、比べものになりませんねえ」なんて会話《かいわ》にも、自然に笑みがこぼれてしまう。

枝先を持ちながら、果柄《かへい》のつけ根からぽつんとつみ取る。良質《りょうしつ》なものを口に運《はこ》ぶ。幸せな一瞬だ。

Kさんとツーショットで、「枝からもぎ取る場面」「口に入れる場面」など、NHKの撮影《さつえい》に協力する。中でも「そーれっ」の掛《か》け声をそえた種飛《たねと》ばしの場面は、どんな写り方をしたか要チエックだ。でも…もはやテレビ撮影なんて眼中《がんちゅう》にない。昼食を控《ひか》えた胃袋《いぶくろ》が大歓迎《かんげい》、一〇〇個いや一五〇個は食べた。

後《のち》で聞くと、「障がい者入場料無料」という看板《かんばん》があったとか。ぼくたちのような入場者は、利益につながらなかったわけだ。

料金を取らなかったオーナーOさんには、お礼と感謝の気持ちを込めて、帰りぎわに、念入りに挨拶《あいさつ》したのはいうまでもない。

Ⅳ

心と身体を鍛《きた》え、どこまでも前向きに

人として生きる以上、何をするにも、健康第一だ。機能向上・健康維持には、自分にあった適度な運動が求められる。運動はリハビリの一つでもあるのだ。しかし、体力は、青年期を過ぎると下降線をたどるのが普通だ。まして、ぼくの場合は、腕が足を補うのだから、人並み以上に鍛えるしかない。とはいえぼくには、さまざまな条件や制約があり、体調との相談も必要だ。それでも、車いすを使って腕を鍛えるための日常的な努力は続けている。ウオークラリーにも、積極的に参加している。ぼくにとって、ウオークラリーは、苦しくも楽しみな練習場であり、向上心がわく交流の場だ。

ここでは、ぼくが参加した三つのレースを紹介しよう。

本当に夢や希望をかなえようとすれば、時には、寝る時間をさいてもやらなければならないこともある。身体が元気なら、多少の困難には耐えられる。体力がものを言うこともあるのだ。気力だけではがんばれない。君らも、スポーツやトレーニングは、やっておいたほうがいい。継続こそ力だ。

「若者よ　身体を鍛えておけ」といっておこう。

ホノルル　ウオークラリー

二時に起床《きしょう》。出発点近くのホテルへバスで移動《いどう》。旅行会社による接触予防《せっしょくよぼう》のグッズ（スポークに蛍光《けいこう》ストロー・両腕に蛍光腕輪《うでわ》・蛍光ペンシル・ミッキーの点滅《てんめつ》ネックレスなど）を派手《はで》につけられ、まるでサンドイッチマンのようだ。

四時五〇分出発。五〇〇〇メートルぐらい過ぎたころから、車いすの前を横切る人が増《ふ》えた。車いすの身長《しんちょう》が一二〇センチメートルだからだろうか。

いよいよ出発

「アブナイッ」「オーッ」と、ありったけの声を上げる。手のひらで急ブレーキを繰り返す。その結果、右手親指《おやゆび》の関節《かんせつ》、人さし指のつけ根、手のひらに「マメ」発生。特に手のひらは、直径五センチメートルまで大きくなり、最後には、破《やぶ》けて血まみれになった。痛《いた》い。漕ぐとなおさらだ。仕方なく左手一本での走法を続ける。日本では気にならなかった路面の傾《かたむ》き、舗装状況《ほそうじょうきょう》、街灯《がいとう》の明るさは、走法への影響《えいきょう》大だ。道の中央を走っていたのに、傾斜に影響され、皆に置いていかれる。小石に前輪が取られ二回も転倒してしまった。

四キロ地点での給水が、美味《おい》しかった。ホテル客は、沿道で給水用ボトル、カットした果物を提供するなど応援を惜しまない。

ハワイ大学のチアガール集団は、カラカウア通りの入り口で、若さあふれる応援《おうえん》を展開中。ただし、金ピカモールを振りまわし、車いすをとり囲《かこ》んで、「ファイト　ファイト　ファイト　フワイト」の大合唱《だいがっしょう》をしながら追いかけてくるのだからたまらない。痛さを忘れて、全速力で二〇メートル近く逃げる。

次は、太鼓《たいこ》に合わせて踊《おど》る青年たちだ。止まりかけた車いすを勢《いきお》いよく押し始める。

「No,thank you. I've had enough.（もう結構《けっこう》です。十分にいただきました）、ありがとう」

と、丁重《ていちょう》に断る。

ワイキキビーチが視界《しかい》に入る頃は、すっかり明るくなり、路面もはっきりしてきた。良好な所を選んで、道の中の道を走る。はるか前方の稜線《りょうせん》・ダイヤモンドヘッドは、手のひらの痛さを忘れさせてくれる天晴《あっぱれ》れなバッククラウンドだった。

ゴール地点のカピオラニパークで『FINISHER Certificate of Completion of the Honolulu Marathon Race Day Walk on December 12,2004』と書かれた完走証《かんそうしょう》をいただく。アクシ

デントを乗り越え、完走証をもらえたのは、ぼくを応援してくれたすべての人々のおかげだ。ありがとう。

長良川《ながらがわ》クォーターマラソン

会場の木曽三川《きそさんせん》公園には、八〇〇人近くの参加者と、付添者《つきそいしゃ》・役員・ボランティアの人たちでごった返していた。参加選手名簿を手にして仰天《ぎょうてん》。

クォーターマラソン（一〇・五四八七五キロメートル）をエントリーしたのは、二、三〇代の青年たちだけだったのだ。

快調《かいちょう》に走っている前の車いすの様子がおかしい。時どき、脇《わき》の芝生エリアに入っていく。ぼくを抜《ぬ》き、また、長良川の河川敷《かせんしき》でじっとしている。でも、いくらぼくでも「よくおしっこしますねぇ」などとは言えない。そこで、

「おじさんを待っていなくてもいいんだよ」と呼びかけたら

「違うんです。水たまりに入ると空回《からまわ》りしてしまうんです」という。

どうやら、空気圧が足りないようだ。こんなときぼくは、せいぜい車いすだけは整備《せいび》してくることにしている。

ぼくは、「君が心配だ。一緒に行こう」と声をかけた。ところが、二キロ過ぎるころからロードが乾きはじめ、今度はぼくが、老体に鞭《むち》打って追いかけるはめになった。

上田《うえだ》君は二四歳、岐阜《ぎふ》市から来たそうだ。年齢からいえば、長島茂雄《ながしましげお》さんと同じ年齢の者がアメリカ大リーグの松井《まつい》選手と競走《きょうそう》するのと同じだったのだ。

三キロ付近のコース審判《しんぱん》、ボランティアの「がんばってえ」「がんばってーなー」の後ろ上がりの独特《どくとく》な励《はげ》ましが飛んでくる。

「まかしておいてー」「はーい」

六キロ付近では

「ご苦労様《くろうさま》ですー」と、半ば笑《わら》いをこめて応答《おうとう》をする。「がんばってーなー」の応《こた》えは、「疲《つか》れました」「まだですかねえ」「辞《や》めたくなりました」など、一段と、トーンが落ちてしまった。

上田君は速い。彼は若さという立派なエンジンを持っているのに足周《まわ》りは悪い。思ったとおり、彼の「立派なエンジン」とぼくの「足回りのよさ」の競争になった。抜き

長良川マラソン表彰式

つ抜かれつ、全力で走る。すっかり老躯《ろうく》であることを忘れさせてくれた。九キロ付近の「がんばってーなぁー」の応答《おうとう》は「……」「……」首だけ。言葉を発する元気すらなくなっていた。一方、上田君は力を制限気味だったのだろう。ぼくのほうを振り向いては、目でエールを送ってくる。やっとゴールが見えて来た。ぼくは、思わず言った。
「君は地元なのだから、先にゴールしなさい。」ぼくが、上田君に順位を譲《ゆず》ったのは確かだ。彼のタイムは一時間二四分六秒。ぼくが二秒遅れの六位だった。実は、六位までは、大会会長からメダルと賞状がもらえると期待していたのだ。

上田君には確かに、先を譲《ゆず》った。しかし、上田君がいたから、完《かん》走できた。練習時（二時間二〇分）より、時間を驚くほど短縮《たんしゅく》することもできた。彼は、良きライバルであり、良き激励《げきれい》者だった。もっとも、再度挑《ちょう》戦しろと言われたら、九キロ付近の苦しさを思い、「ノー」と言わざるをえないのが本音だ。

マッチレースを見ていた上田君のお母さんが差入れてくれた「いも汁」は、格別の美味《おい》しさだった。

パラリンピック選手と競う？

千葉県障害者スポーツ大会に一度は出たかった（八〇〇メートル競走・二〇一一年五月二二日）。競輪選手まがいのいでたち（ハ型後輪の競走用車いす、皮製のヘルメット等）がよく似合うH君は、大会記録（一分五〇秒六三）を持っている。

「一緒に走る滝口です」「Hです」

「ぼくは、七分は、かかるなあ。ぼくに構わず思い切り飛ばしてください」

「もちろんです。大会記録を更新しますよ」

「よろしくね」「お互いがんばりましょう」

最後は、ぼくのほうが、励まされてしまった。

ピストルを片手にしたスターター、旗を持った審判員、ストップウオッチを手にした複数の計時員が所定の位置につく。こんなに多くの関係者が見守るレースに出るのは、最初にして最後だろう。

スタートラインの位置についた。突然、《パァーン》と、ピストルが鳴った。

曲がりきった第二コーナーでは、《ピューーン》と異様な音がした。

H君が抜き去っていく音だ。むかし、テレビの子ども番組に登場した《月光仮面《げっこうかめん》》

スタートラインに着く

のようだった。「…疾風《はやて》のように現れて　疾風のように去っていく…」　H君は、まさしく月光仮面だ。一周目　第三コーナーに差しかかった頃には、H君はトラック上から消えていた。

その後のトラック・フィールドは、ぼくだけの貸しきり場だ。前にも後ろにも誰も居ない。

L版のヘルメットが大きすぎるのか、前後にかたむき苦労した。その都度、スピードを緩《ゆる》め修正する。

観覧席からの拍手は、時間を追うごとに大きくなる。

「がんばってェ」「がんばれェ」の声援が遠くから聴こえる。

これでは、貸しきり場から消えるわけにはいかないし、思い切りとばすしかない。汗が目に入ったが、年甲斐もなくとばした。

「最後の追込みです。がんばってくださーい」という場内放送に励まされ、どうやら、ゴールインした。

M君の後を追いかけ、表彰台に向かう。台の横にH君と並んだ。(台には上がれないので…)。

「おめでとうございます」と大声をあげ、大会本部役員が肩にメダルを懸けてくれた。なんと、月光仮面のH君と同じ色の金メダルだった。

障がい者の大会は、障がい区分で分けられている。同じ区分でも、年齢差（四〇歳未満、四〇歳以上）で分けられている。四〇歳以上の参加者は、七四歳のぼくだけだった。後ほどの公式記録では、H君・一分四九秒三〇（大会新記録）、ぼく・六分一六秒・四〇（大会記録）だった。なぜかぼくは大会記録となっていた。四〇歳以上の参加者は、第一回大会後初めてだったのだ。

「単独レースだと思っていましたが、滝口さんと競走でき、おかげさまで大会新記録が出せました。来年、また、競いましょう」と、H君がいう。

どう考えても、競ったのはスタートライン上だけだった。やはり、月光仮面の台詞《せりふ》は、どこまでもかっこいい。H君の心使いとぼくへの励ましと受け止めた。

帰宅後、H君をパソコンで検索《けんさく》。びっくり仰天。名前は《花岡伸和《はなおかのぶかず》》君と言い、アテネパラリンピック・マラソン（クラスT54）で日本人最高位となる六位に入賞していた。現在、トラック一五〇〇メートルの日本記録保持者でもある。

花岡伸和君のますますの健闘を願ってやまない。

V

バリアフリーの世界へ

自分の幸せはみんながつくってくれた

これまで、思いたてば、世界中、何処にでも車いすで行くことができた。しかし、それは、自力で前進できない場面に出会っても、ひとたびことがあれば、多くの人たちが援助・介護をしてくれたからこそだった。ぼくは、どんなときにも人の情けが分かるゆとりと、感謝の気持ちを忘れずにいたいと思う。

四国お遍路《へんろ》へ

旅行会社から《バリアフリー四国お遍路　発心《ほっしん》の道場・阿波《あわ》編四日間》というツアー企画が届いた。

四国お遍路旅へのぼくの不安や恐怖心は、パンフレットを読んで一掃された。それに、旅行会社の添乗員や移動を担当するタクシー会社のスタッフが提供してくれるサービスにも興味があった。

行けばどうにかなる。なにかあったら、羽田《はねだ》行きの飛行機に乗ればいいという気持ちで参加することにした。

徳島空港で昼食を済ませ、第一番札所《ふだしょ》（霊山寺《れいざん》）についたのは、一四時ごろだった。駐車場の一角には巡礼に必要な用具・備品が待っていた。持ち返りの荷物を想定し、白衣・輪袈裟《わげさ》・納経帳《のうきょうちょう》・納《おさ》め札・ろうそく・線香・ライターを購入した。

白衣の上に輪袈裟をつけ、納め札（四日間使用分　二三寺×二枚）に、住所・氏名を書いていると、お遍路さんの気分になるから不思議だ。

四日間で、阿波《あわ》（徳島県）二三カ所の予定だったが、なにせ、車いすの集団ゆえ、第二〇番（鶴林寺《かくりん》）、第二一番（平等寺《びょうとう》）、第二三番（薬王寺《やくおう》）の札所は次回の楽しみとなった。立ち寄った札所では、心を込めてお遍路の作法を忠実に行なった。

山門にて……………合掌し、一礼する
手洗いにて…………手を清め、うがいする
本堂では……………ろうそくに点火、ろうそく立てに納める。その火から線香三本を灯し、線香立てに立てる。納め札とお賽銭《さいせん》を納め、念珠《ねんじゅ》をすり、合掌し、お経を唱える

太師堂《たいし》でも…………本堂と同じ動作をする
山門にて…………合掌し、一礼する

札所から札所への移動タクシーは、リフト付一台、九人乗りジャンボ一台が当たった。親子連れの三人がリフト付、個人参加の四人がジャンボに乗った。

第一〇番札所切幡寺《きりはた》→長い階段の脇にジグザグのスロープがあり、入り口の一〇メートルに挑戦した。

切幡寺のジクザク道

第一〇番札所切幡寺→第一一番札所藤井寺《ふじい》、途中、吉野川にかかる潜《もぐ》り橋があり、車いすを漕がせてもらった。川面から届くそよ風、ウグイス・コジュケイなどの小鳥のさえずり、清らかなせせらぎがぼくの五官を刺激する。こんなところに身をおいていると、おだやかな気持ちになるから不思議だ。

第一二番札所焼山寺《やきやま》→境内には玉砂利が敷き詰められていた。勢いをつけて漕がないとめり込んでしまう。介護者の申し出を断り、行程四〇メートルに挑戦。日没後の冷気を断つ、心地よい温かさを背に感じた。

第二一番札所太龍寺《たいりゅう》は《西の高野《こうや》》と呼ばれるだけに山深い高所にあった。高低差四二二メートルのロープウェイの先には、見上げるような本堂があった。本堂に続く階段脇は長い長い坂道だ。本堂には、できたてのスロープがあったので、援護を断った。どうしても自力で上がり参拝したかった。本尊の《虚空蔵菩薩《こくうぞうぼさつ》》は、心底からほめてくださったに違いない。

寺の在り処といえば、山の中、狭い道を歩む所、階段の多い所が定番だ。四国の霊場《れいじょう》も例外ではない。でも今回は、一九カ所の霊場を訪ね、納め札を納め、お経を唱えることができた。

行程のほとんどは、《自助努力》のみでは困難だ。援助抜きには考えられない。車いす、タクシーなどの《物的援助》、旅行会社の添乗員、タクシーの運転手等の《人的援助》だ。立居のできない者は、一段高いジャンボタクシーの座席へ、何度背負われたことだろう。駐車場から寺境内までの急スロープを、何度、車いすを押してもらっただろう。本堂・太師堂の階段を、どれだけ持ち上げてもらっただろう。

階段が多く、車いす昇降が無理な寺では、参拝の代行も務めてくれた。納め札とお賽銭を納め、鐘《かね》つきも代行してくれた。鐘に合わせ、麓《ふもと》で一緒に合掌をさせてもらった。

援助をしてくださる方がたは、一連の行為が終わると、疲れも見せず、次の人の援助に向かう。時には二人で、時には三人がかりで、駆け足で息せき切っての行動の連続だった。見ているぼくたちも、頭が下がった。

清々しい「バリアフリー四国お遍路」の締《し》めは、感謝を込めた合掌だ。

にわかコンダクターになった

聞《き》きなれたエドワード・エルガー作曲「威風堂々《いふうどうどう》」のメロディが、聞こえた。これは近いぞ……。インドでマーチの音楽が聴《き》こえるとは……。

ぼくが、ためらうことなく音のする方向に車いすを向けた。盛装《せいそう》した十数名の鼓笛《こてき》隊員《たいいん》が半円形《はんえんけい》を作って演奏していた。

曲は、イギリス映画《えいが》（戦場《せんじょう》にかける橋《はし》）のテーマソング《クワイ河マーチ》に変わっていた。

「ピピー　ピピピピッピピッピッピッピー　……………………」

やがて　パチンコ屋の開店《かいてん》音楽で有名な〝軍艦《ぐんかん》マーチ〟だ。四分の二拍子の曲だけに自然《しぜん》に体が動く。コンダクターの真後《まうし》ろで指揮《しき》のまねごとをしてしまった。一番前で聞き入る日本人の存在を認《みと》めたからでだろうか。

「ナマスティ　バフット　アッチャー（こんにちは、とてもじょうずですよ？）」と、コンダクターが、ヒンズー語で話しかけてきた（急いで開いたヒンズー語辞典で分かった）。手振り身振りで「あなた、指揮してみませんか」と言っているようだ。一瞬《いっしゅん》、たじろいだが、ここは遠い国・インドだ。あつかましくもコンダクターを引き受けてしまった。「アメリカン・パトロール」は、ラスベガス大通《おおどお》りで、遠くからじゅんかい兵がやって来て、目の前を通り、また遠くへと去っていく様子が目に浮《う》かぶ。「双頭《そうとう》の鷲《わし》の旗《はた》の下《もと》に」もよく聴く曲だ。

にわかコンダクター

平常《へいじょう》、指揮者は、曲の選定《せんてい》、曲の始まり、終わりを指示《しじ》するのが仕事。だが、ぼくに指揮を呼びかけた正式のコンダクターが、その役割《やくわり》をしている。ぼくといえば、鼓笛隊《こてきたい》の演奏《えんそう》に合わせて手を振っただけ。曲が始まると大急ぎで手を振る。速くなったり遅くなったり、不器用《ぶきよう》な手先《てさき》に合わせてくれた管楽器《かんがっき》・ドラムの面々《めんめん》が、拍手を送ってくれた。
「It was very good conduct（とてもよい指揮でした）」

と、正規《せいき》のコンダクターに英語で誉《ほ》められ、その気になってしまった。

そうだ、この国では無理《むり》してヒンズー語を使うことはなかったのだ。インドは、ムガール帝国後《ていこくご》の一時期《じき》、英国《えいこく》の植民地《しょくみんち》だったのだから。

「May I take a picture with you？（貴方達《あなたたち》と一緒《いっしょ》に写真《しゃしん》を撮《と》らせていただけますか？）」

と英語を使ったら、あちこちから
「オーケー」「オーケー」

と指サインが見られた。

よきインドの思い出を与えてくれた鼓笛隊のみなさんに、ヒンズー語で
「タンニボワール（ありがとう）」「タンニボワール」「タンニボワール」

と、三回もお礼を言った。

《やっとこ　やっとこ　くりだした…………　人形のへいたい　せいぞろい…………》ぼくの音楽レベルを察してか、だれでもわかる行進曲「おもちゃのマーチ」が、背後《はいご》から追いかけてきた。なんだかおもちゃの兵隊《へいたい》になったような気がした。でも、このぼくを、車いすのインターナショナル・コンダクターにしてくれたのだという気分になったものだ。

市内観光巡りは「るーぷる仙台」で

窓に打ち付ける雨音で目を覚《さ》ました。宮城野《みやぎの》区のホテルの一室だ。テレビでは、「仙台地方、大雨警報発令中《けいほうはつれい》」を報じていた。

寒暖《かんだん》の少ない一〇月初旬にこそ、まだ足を踏《ふ》み入れていない杜《もり》の都・仙台を、一日がかりで車いすを漕《こ》ぎ続ける計画だった。

仙台市観光交流《こうりゅう》課に事前に資料請求《せいきゅう》。沢山《たくさん》の資料がすぐに速達《そくたつ》で届いた。それらの資料を参考に、ホテル↓せんだいメディアテーク↓美術館↓青葉城跡《あおばじょうし》↓博物館↓瑞鳳殿《ずいほうでん》↓JR仙台駅と、総距離《そうきょり》一五キロの走行計画を立てた。

でもこんな悪天候では計画を変更《へんこう》せざるを得ない。幸いにも、送られてきた資料の中に、車いすでも昇降可能《しょうこうかのう》な市内観光巡《かんこうめぐ》りのバス「るーぷる仙台」の運行経路が掲載されていた。バスは、駅前から九時始発・二〇分間隔《かんかく》・左回りで循環《じゅんかん》しているという。

ホテルから連絡してくれたのか、係員が親切に迎えてくれた。乗り降りの場所は、博物館・国際センター↓青葉城跡↓県立美術館↓メディアテーク↓駅と少なくした。

博物館前では、運転手がずぶぬれになって低床《ていしょう》を操作《そうさ》し始める。側には、運転手をこうもり傘でカバーする二人の男衆《おとこしゅう》がいた。前に「仙台市観光交流課」のネーム入りの軽自動車があった。「ありがとう。ありがとう」とスロープ上で連発《れんぱつ》する。相変わらずのしゅう雨だ。ビニール合羽《かっぱ》に雨つぶの音が伝わる。路上には、にわかに川ができていた。

博物館までの道は、ゆるい上り坂だったが、雨がじゃまをして手がすべる。

昼食をすませ、博物館を出る頃には、雨は小降りに変わっていた。

気をよくし、青葉城跡を車いすで目指すことにした。うっそうと茂った原生林《げんせいりん》の中は、つづら折りの狭《せま》い上り坂道だ。すれ違う車と道の奪《うば》い合いになる。そうなれば、車いすは、下り方向に向かわざるを得《え》ない。

「お待たせしました。青葉城を目ざしましたが、ダウンして引っ返してきました。仲間入りさせてください」と大声を出したら、バスの中から一せいに拍手《はくしゅ》がわいた。

県立美術館前の坂道は、ぬれた落ち葉で滑りやすかった。教育大学の女子学生Kさん・美術館職員Sさんには、お世話になった。

《まだ三時、雨も小降りだ。迷子《まいご》になったらまたバスに乗《の》ればいい。メディアテーク・晩翠草堂《ばんすいそうどう》に寄り、アーケード街を通り仙台駅を目ざそう》

そう決め、バス停を通過《つうか》し、広瀬《ひろせ》川をまたぐ仲《なか》の瀬《せ》橋を渡った。西公園通り→定禅寺《じょうぜんじ》通りと進み、アーケード街まで漕《こ》いだ。夕やみせまる一八時五〇分、無事《ぶじ》、JR仙台駅着。家族へのみやげに、美味しいかまぼこをバックに詰めた。

市内観光巡りのバス「るーぷる仙台」に乗れた。仙台市の観光交流課は、観光資料を速達で送ってくれ、バスの乗降を援助《えんじょ》し、ぼくのため小型車までつけてくれた。こんな心くばりのできる方がたがいる仙台こそ、再度、訪ねたいところの一つだ。

ロンドンの〝道案内人〟「ホテルは遠かった」

イギリスの首都、ロンドン中心部のウェストミンスター地区からケンジントン地区にかけて存在するハイド・パークは、ロンドンに八つ存在する王立公園の一つだが、ともかく広い。

夜明けの遅いロンドンは、午前九時というのに朝もやだ。ハイド・パークには、犬を連れている人が、多い。しかも犬は、鎖《くさり》から離《はな》れ、跳《と》びまわっている。いつ襲《おそ》われ

るかと心配したが、気苦労《きぐろう》に過ぎなかった。

公園を出てピカデリー・サーカスを目ざす。予定のコースは、オックスフォード・サーカスを径由《けいゆう》することだ。バークシャー・ホテル近くで、道行く人に尋ねたのが良くなかった。

「Could you tell the way to the Piccadilly Circus?（ピカデリー・サーカスまで行く道を教えてください）」と質問するのだが
英語をまくし立てる人、オックスフードストリートをまっすぐ進みなさいと教えてくれた人、バークレ・スクウエアのほうに行きなさいと指で指示《しじ》してくれた人などみんな自信たっぷり。それぞれが自分の普段利用している近道を指示するのか、それぞれ違う。指示された方向に進み、また聞くと、今度は引き返しなさいという。その度に右往左往《うおうさおう》する。

《ロンドン市内を一日中歩いていると、市の隠《かく》しカメラに三〇〇回は登場する》という特派員《とくはいん》便りを読んだことがあったが、まさにその通りだ。

ケンジントン・ガーデンズで済《す》ませた尿意《にょうい》が、またおそってくる。

「Where is the wheelchair rest room?（車いすトイレはどこですか）」

この質問には先方《せんぽう》も困ったらしい。みんな、車いすトイレのありかなど分かっていないのだ。当方はなおさらだ。

ちょっと遠いがバークシャー・ホテルまで引き返した。出かける前にトイレの場所の確認をしておいた所だ。ちょうどお腹も空いたし、昼食をかねて借りることにした。野菜がついたメインデッシュは、ボリューム満点《まんてん》で17UKポンドだ（当時）。

ピカデリー通りは、左手にグリーン・パークがあり、バッキンガム宮殿までは地図だけで移動する。日本大使館に閃《ひらめ》く日の丸が、なんとも頼もしく見えた。バッキンガム宮殿に続くザ・モールの沿道は、衛兵交代式《えいへいこうたいしき》（一一時三〇分ころ）がない空き時間か、お客はまばらだ。

ハイド・パークの新緑はあざやかで、草花の美しい庭園は老人たちの憩《いこ》いの場だ。ネクタイをきちんと絞《し》め、縞《しま》の背広《せびろ》を着こなす人も多く、英国紳士《えいこくしんし》という言葉はここから生まれたのかと勝手に納得。

公園トイレには「CLOSED」という看板《かんばん》があり、清掃人がいた。看板には（January,8:00-February,16:00）と、月ごとの使用可能《しようかのう》時間が書かれていた。無理を承知でお願いすると、使用ＯＫ。本当に助かった。

直線距離《ちょくせんきょり》にして一キロメートルのビクトリア・アンド・アルバート美術館までの道のりは、一〇倍にも感じた。自己流《じこりゅう》に近道したのが間違いだった。何回聞いても、また公園口の出発点に戻ってしまう。

韓国《かんこく》ドラマのヒット作品《冬のソナタ》の主人公カン・ジュンサンは、恋人に《行く道が分らない時には、ポラリス（北極星）を見なさい》と言っているが、ロンドンの夕闇《ゆうやみ》までは、かなりの間がありそうで待てない。

紳士服《しんしふく》店の主人、子供連れの女性、ホテルのベルボーイ、軍事施設《ぐんじしせつ》・衛兵《えいへい》などに道を尋《たず》ねた。機関銃《きかんじゅう》をかついだ衛兵は、上司《じょうし》に断り五〇メートルぐらい送ってくれた。職場放棄《しょくばほうき》で軍事裁判《ぐんじさいばん》にかけられないことを祈るばかりだ。

でも、水道工事に従事《じゅうじ》している若者、フード店で働く人などは、現在地すら認識しておらず驚いた。聞けば、ノルウエーやデンマークから来た出稼《でかせ》ぎ人だという。

ロンドンの案内人は、誰もが自信たっぷりに教えてくれる。でも、いくら指示に従っても、目的地に到着《とうちゃく》するのは大儀《たいぎ》だ。原因は、聞き手側か、案内人側か。とりあえず

ロンドンの街角で

前者だということにしておこう。

ＪＲ千葉支社の対応に感謝

その朝は、前日の雪で、線路が凍結《とうけつ》し、電車が大幅に遅《おく》れていた。ぼくは、新幹線《しんかんせん》ＪＲ新横浜《よこはま》駅に行くことになっていたがホームは人であふれていた。トイレ行きがひんぱんなぼくは、いつも乗車駅・外房《そとぼう》線大原《おおはら》駅でホームの車いすトイレを利用している。駅にもどったら、Ｔ職員が寒い朝にもかかわらず大汗をかいていた。かなり遠くの駐車場《ちゅうしゃじょう》までぼくをさがしに行ってくれたらしい。

ぼくは、この日、一〇時から一二時まで横浜総合《そうごう》リハビリテーションセンターでの講座《こうざ》を担当《たんとう》することになっていた。

それを知った職員のみなさんが、いろいろな手段《しゅだん》を考えてくれた。

「みなさん、電車が勝浦《かつうら》駅を発車したそうです。まもなく千葉行きの電車がやってきます」との助役《じょやく》の一声で、遅《おく》れていた電車を待ち、ホームにたまっていた乗客は、みんな千葉行きの電車におさまることができた（六時四四分）。

おかげで、九時五〇分にセンター入りできた。

ＪＲ大原駅着の下り線は、一五時以後、電車は一番線ホームにはめったに入ってこない。そんな訳で、いつもは、千葉駅で長時間待つことになり、帰り道は悩みのたねだった。時には、乗客に配慮《はいりょ》し、予定外のホームで対応してくれることもあったが……。

この日の予定は、快速上総《かいそくかずさ》一宮《いちのみや》行き（品川《しながわ》発一四時三七分、千葉着一五時二二分）の電車で千葉まで行き、一六時二〇分発、大原着一七時三九分だった）。一時間近い待ち時間は、駅構内《こうない》見学でもしようかなと思っていた。

千葉駅に着くなり、係員二人（めがね使用の中年男性、若い女性）が、快速電車に乗り込み、車いすの脇《わき》にしゃがみこんだ。

「この列車で上総一宮駅まで行ってください。同じホームの反対側で安房鴨川《あわかもがわ》行き普通列車が待っています」と、耳《みみ》打《う》ちした。自分の予定を話し、一度はホームに下りた。一六時二〇分発の一〇分前にその係員とエレベーター前で待ち合わせることにしていた。

ところが「この電車で行ってくれたら、ありがたいのだがね…」という係員たちの声が聞こえてきた。ぼくはとっさに「この快速でお世話になりましょう」と、大声をあげていた。

大原駅では、なんと到着ホームが変更《へんこう》され、改札《かいさつ》口ホームの一番線に着いた。千葉駅の関係者のみなさんが、知恵《ちえ》をしぼってコース作りをしてくれたのだ。

前日の雪のせいか体調《たいちょう》が思わしくなく、夜には二回も吐《は》き、朝・昼とも絶食《ぜっしょく》で心身《しんしん》ともまいっていた。でも、行った先々のJR職員のあたたかく行き届いた配慮で、無事、担当業務《ぎょうむ》を終わらせることができた。

さらに、予定より一時間早く家に着くことができたのだから感激だ。

職員の方がたには、鉄ちゃんと呼ばれる鉄道好きも多いと聞く。快適・安全な利用・乗客への心くばりは、鉄道マンの当然の務めだというにちがいない。

温かい気持ちになると同時に、プロとは何か考えさせられた。

自分に合ったボランティア

女医さんの涙

千葉県鴨川《かもがわ》市の総合病院Kへ兄の病気見舞いに行った。兄はよく寝ており、起きるまで待つことにした。そのフロアには、退院間際《まぎわ》の人、歩行器や杖《つえ》で歩行訓練《くんれん》している人たちがいた。

指導に当たっている訓練士と目が合い、ぼくから話しかけた。そこを、聴診器《ちょうしんき》を下げた女医さんが通った。

この病院の売店には、ぼくの本が一五冊ほど置かれていた。それを知った女医さんは、すぐに購入し、ページをめくりながら、訓練士Kさんと話し込んでいた。やがて、ぼくに「お願いがある」といいだした。

「実はふさぎこんでいる入院患者《にゅういんかんじゃ》がいます。体験談を話してくれませんか」

というのだ。兄がお世話になっていることだし、申し出を断《ことわ》る理由はない。午後、余裕《よゆう》があれば時間を作ると約束した。

午後一時過ぎ、女医のKさんに連《つ》れられ、車いすに乗った五〇代の女性が現れた。体験談を話せと言われても、このかたがどんな病気でどんな治療《ちりょう》をしているのか分からない。ぼくは、話のとっかかりがつかめず、困ってしまった。

でも担当医《たんとうい》でもないし、家族でもないぼくには、それを知る権利《けんり》はない。幸か不幸かぼくの本を膝元《ひざもと》においていた。それならばと、そこから入ることにした。

「お買い求めありがとう。なにか、ご感想《かんそう》は?」(無答)

「早く退院したいですか?」(無答)

彼女は、伏し目がちで黙ったままだ。仕方なく《私の発病、一〜四回目の手術《しゅじゅつ》、その間の病気治療、リハビリ治療》を一方的に話しまくった。ぼくとしては、元気づけたつもりだったが、ひきつづきうつむきかげんで元気がない。もちろん笑顔もでないが、初対面で要求するほうが無理かもしれない。

ぼくは、下半身完全まひの身だ。車いすから下りたら身動きができない。でも、人の行き来するフロアに下りることにした。腕力で車いすに上がろうとしても、車いすが滑《すべ》って上がれない。そこはツルツルのタイル張りだ。三回試《こころ》みたが上がれない。見るに見かねて、Kさんが手助けしようとした。ぼくは、「ありがとう。でも一人で上がらせてください」と丁重《ていちょう》に断《ことわ》った。

四回目を試みたが、まだ上がれない。そのうち通行人が四、五人足を止めた。壁《かべ》に車いすを固定《こてい》し、やっと上がることができた。その間、五分ぐらい要《よう》しただろうか。観衆《かんしゅう》は十数人になったようだ。大衆《たいしゅう》の前でも、恥《は》ずかしさを感じ取る余裕《よゆう》はない。

「ぼくには、車いすにかじりつき、よじ上がる練習を日課《にっか》とした入院もありました」「これができるから、国内外に一人で出かけられようになったのです」などと一生懸命語りかけた。

彼女は、突然《とつぜん》、手で顔を覆《おお》い、泣きじゃくってしまった。女性を悲しませてはいけない。衆目のなかで恥《はじ》をかかせてしまった…。ぼくは、申し訳なさでいっぱいになった。「刺激《しげき》が強すぎたかな」「一方的すぎたかな」と反省。

冷静《れいせい》さを取り戻した彼女の手を握《にぎ》ると

「どんなに時間がかかって、どんなに醜《みにく》い上がり方でも、一人でできたときは嬉《うれ》しいものです」「ぼくはぼくです。他人と比べないようにしています」という言葉が、自然に口をついた。彼女は、手をしっかり握り返してきた。

立ち会っていた女医さんの目は、真っ赤だった。一しずくの涙がほほを伝わっていたが、その涙を拭《ふ》こうとはしなかった。

女医さんは、患者を病室に送り届けた後、エレベーター口まで飛んできた。首から提《さ》げた名札には「神経内科《しんけいないか》Ｋ」と記してあった。

この先生は、《患者《かんじゃ》と喜怒哀楽《きどあいらく》を共にできる医師》《絶《た》えず専門性《せんもんせい》を身につけようとする医師》に見えた（断じて、ぼくの本を買ってくれたからほめる訳ではない）。それに、何より《美人でチャーミング》な女性だった。

ご本人がいうには、「まだ研修医《けんしゅうい》」だとか。Ｋ先生の研修期間中に話し合った患者さんの後日談《ごじつだん》を聞くために、再訪したいものだ。

そうだ！　いっそのことこの美人女医さんと、一日も早い回復めざし患者さん一人ひとりと真剣に向き合っていた訓練士のＫさんとのＫ＆Ｋコンビの担当病棟《びょうとう》に入院してしまおうか。

目の不自由なＨ君

ぼくの町では、ウィーク・デイに検診できない人のために、土曜日も健康診断を実施している。H君は、現在、千葉県立盲《もう》学校高等保健理療《りりょう》科の学生で、土・日曜日になると、学生寮《りょう》からJR御宿駅郊外《こうがい》（三キロ）の自宅に帰宅する。

H君から、この検診に連れて行ってくれないかとの依頼があった。

早速H君の自宅に向かう。一人住まいの彼は、玄関先のビールケースに座り込んで待っていた。

公民館のスロープでは「押してー、押してー」というぼくの勝手な指示に従い、車いすを押してくれた。H君は一八〇センチ、八〇キロはあろうという大男だ。視力はないが、土・日に帰ると、手探りで農耕《のうこう》作業をしている四〇代の好青年なのだ。

「布施郵便局のキャッシュコーナーに寄ってくれませんか」という申し出に応じたのはもちろんだ。おかげで全盲《ぜんもう》の人が、ぼくがまだやったことのない「キャッシュカード利用」に挑《ちょう》戦する姿を見ることができた。

「点字ブロックからの通路を教えますよ。点字ブロックに乗ったら左方向に進みなさい。入り口には玄関マットがあります。ドアが開いたら点字ブロックに従い行動してください」と指示したが、その必要はなかったようだ。

必要な金額を見事に引き出し、きちんと金額を確かめている。

車いすで追いかけ、一連の行動を観察していたぼくにとっては、驚きの連続だ。視力のある者ができないことを恥《は》じた。底の厚い靴は点字ブロックを察知《さっち》しにくいそうだ。

今回　移動ボランティアの端《はし》くれのつもりで同行した。お陰で、白杖を頼りに、検診車の階段を登ったり、W君宅を訪ねたり、キャッシュカードを自力で利用するなどの一連《いちれん》の行動から、H君の日常を垣間見ることができた。

町障害者福祉会の会報に載《の》っていた「〜夢〜ふたたび」の文中《夢を持って、熱く、願わくは、楽しくこれからの人生を歩いていきたい》に、日々、近づいていることを知った。ぼくも、少しでも便利にくらすために、H君を見習ってキャッシュカードを利用してみることにしよう。

学生のため自分のため

東京都の観光《かんこう》専門学校の学生たちが、旅行補助《ほじょ》の実習をするという。補助対象は、障がい者とのことで引っ張り出された。行く先は、湘南《しょうなん》の鎌倉《かまくら》だ。

集合は、東京駅・八重洲《やえす》・南改札口《かいさつぐち》前、八時だった。改札口では、学生六人、引率《いんそつ》教員《きょういん》二名が待っていた。江戸川《えどがわ》区在住という学生A君に横須賀線《よこすかせん》ホームまで押してもらう。ホームまで案内する駅員を、A君と二人で追《お》いかけた。通路《つうろ》、エレベーター、列車乗車と、学校での訓練《くんれん》のせいかA君の手さばきはとてもうまい。

横須賀線の電車内では、学科長のT先生、担当のY先生と、校内におけるカリキュラムや最近の学生気質《きしつ》に話の花を咲かせた。

JR藤沢《ふじさわ》駅下車。江ノ電《えのでん》藤沢駅で、電動車いすのAさんと一〇時に待ち合わせるという。

江ノ電の乗車・下車、大仏殿《だいぶつでん》のある高徳院《こうとくいん》までの移動は、M君担当だった。長谷《はせ》駅から高徳院までは、簡易舗装《かんいほそう》の連続だ。時どき段差があらわれる。その度にM君は、車いすの前を持ち上げたり、後を持ち上げたり苦労していたようだ。でも持ち前の明るさで、それらの行動を楽しんでいた。居酒屋《いざかや》でアルバイトをしながらの学生生活をしている二年次の学生とのことだ。

高徳院から長谷駅・和田塚《わだづか》駅→近くの昼食会場までは、女子学生Hさんの出番だ。体は小柄だが二、三段の階段でも独力《どくりょく》で処理《しょり》してくれた。二月に学校催行《さいこう》のスペイン・フランス旅行に行くという。持ち物、買い物などについて、勝手に先輩顔《せんぱいかお》をさせてもらった。

昼食はイタリア料理だ。同じテーブルに座った学生のなかで、残さず食べたのは、二五歳のK君（韓国《かんこく》からの留学生）のみ。彼は、兵役《へいえき》を二年間経験していた。野戦《やせん》でヘビ・トカゲなども食料にしたとかで、話題の中心だった。身体は華奢《きゃしゃ》だが、芯《しん》は強そうだ。

昼食会場から八幡宮《はちまんぐう》の表参道《おもてさんどう》の若宮《わかみや》大通りを経て本宮《ほんぐう》までは、留学生K君の当番だ。彼は、観光を通して、日・韓の橋渡《はしわた》しをしたいという大きな夢を持っていた。K君は、来日二年目だという。ぼくとの会話に不自由なさそうだ。

鶴岡八幡宮の仁大門《にだいもん》を入ると、舞殿《まいどの》の広場があった。

「八幡宮・舞殿の後ろ正面に、高く幅広い石段が六一段ありました。その中段の脇に、樹齢《じゅれい》千年といわれる大銀杏《いちょう》があったのです。先日の大風で折れてしまったので、早く苗木が大きくなることを祈ります」K君は、折れた銀杏の木への思いを話してくれた。階段の上り下りができないぼくは、K君に本宮への代理参拝をお願いした。

八幡宮からJR鎌倉間もK君の担当だった。異文化コミュニケーションはさらに発展、面白かった。観光実習は、JR鎌倉駅で解散。

乞われて話をする機会を得たぼくは、「より良いお客様サービスは、きげん取りや細かいサービスより、安全・安心感を与えることだ」と結ばせてもらった。

駅改札口で駅員に介護《かいご》を申し出たのは、上総一宮《かずさいちのみや》行快速の発車一〇分前だった。トイレ行きの時間がないのを察《さっ》したY先生が、駅員に断《ことわ》り、エスカレーターを使い、ホームに急いでくれ、トイレのある車両《しゃりょう》を探してくれた。扉の閉《し》まった電車の外には、手を振る彼女の笑顔があった。

Y先生のこの臨機応変《りんきおうへん》な添乗《てんじょう》ぶりこそ、学生たちに見てもらいたいものだった。

鎌倉大仏前のスロープ

インドの幼女とツーショット

インドの北西・アグラは、世界文化遺産がたくさんある所だ。中でもムガール帝国《ていこく》皇帝《こうてい》の愛妃《ひ》の墓標《ぼひょう》《タージ・マハル》は、年間観光客が四〇〇万人（外国人二〇万人）訪れるそうだ。白大理石《だいりせき》づくりの巨大《きょだい》なドーム型建築物《けんちくぶつ》。イスラム風の庭園・ドーム周辺《しゅうへん》の四隅《よすみ》にある光塔《こうとう》とのゴールデントライアングルは、歴史を超《こ》えて今でもその孤高《ここう》の美しさをたたえている。

通用門から墓標《ぼひょう》まで直線にして五〇メートルはあったろうか、四方八方、目をやりながら漕《こ》いでいた。

すると、脇を歩いていたインド人の母・子が「ナマステ（こんにちは）」「ナマステ」と話しかけてきた。何か不安感《ふあんかん》がただよったが「ナマステ」と応答した。

見たところ四歳ぐらいの幼女《ようじょ》がしゃがみこみ、車いすをじっと眺《なが》めている。そのうち車輪《しゃりん》に手を当て興味しんしん。ぼくは、幼女に手を差し伸べ、膝《ひざ》上を指差し（乗りますか？の意味）「ジーハン？（はい）」と呼びかけた。幼児は母親の顔を見ながら、か細い声で「ジーハン」と応答した。同様なジェスチャーを母親に送って、幼女はぼくの膝《ひざ》上の人となった。

《そこのけ》に値するヒンズー語が言えないので、「タンニヤード（ありがとう）」「タンニヤード」「タンニヤード」と連呼《れんこ》しながら、ごった返す墓標内を、通行人を避けて走りまくった。

タージマハルの前にて

母親は驚いた様子で、サーリー（インド女性の民族衣装）を引きずり、一生懸命追いかけてくる。「この車いす日本人に我が愛娘を連れて行かれる」と思ったのだろうか。車いすは庭園の隅から隅まで走りまくった。その間、母・子とぼくの共通点は笑顔が溢《あふ》れていたことだ。特に幼女は、手を叩《たた》きながら、終始、おどろきの声をあげていた。ぼくは休憩《きゅうけい》を申し出た。そして、大急ぎでヒンズー語辞典を取り出し「フォート　キーンチネー　デーン？（写真を撮《と》らせてくれますか？）」とお願いしたら、喜んで応じてくれた。

たった一人の子どもとのふれあいだったが、日印《にちいん》友好に貢献《こうけん》したようで、気分は最高。幼女と撮ったツーショットは、今でも大切にしている。

バリアフリーモニターを引き受けた

世界遺産申請《せかいいさんしんせい》の条件として《それに値する価値《かち》がある》の他に《高齢《こうれい》者・障がい者・子連れなどの交通弱《こうつうじゃく》者が出入りしやすい》という条件があるらしい。岩手県《いわてけん》・一関《いちのせき》地方からも、モニターとしてお呼びがかかった。

花の栽培が盛んな花泉《はないずみ》町の道路は、歩道の設置率《せっちりつ》が高いように思われた。歩道と車道間には花ポットが惜しみなく飾《かざ》られ、わがリフトバスを歓迎《かんげい》してくれた。

一関市の本寺《もとでら》地区を中心とする「骨寺村荘園遺跡《こつてらしょうえんいせき》」は、中尊寺経蔵別当領《きょうぞうべっとうりょう》として、歴史上の代表的な農村の一つだという。バスから見た風景は、鎌倉《かまくら》時代の史書「吾妻《あづま》鏡《かがみ》」に記《しる》されたものと、ちっとも違わない。腰をかがめた地元の古老《ころう》が、方言交じりで熱心《ねっしん》に語ってくれた。

次の日、訪ねた「一関博物館」で、中尊寺大長寿院《だいちょうじゅいん》所蔵の「陸奥《むつ》国骨寺村絵図」にお目にかかり、知識は確かなものになった。

毛越寺《もうつうじ》の境内は、ものすごく広い。粘土《ねんど》で固め、玉砂利の浮かんでいる歩道は平で車いすは漕ぎやすかった。

芭蕉《ばしょう》の句碑《くひ》「夏草や　兵《つわもの》どもが　夢の跡《あと》」→本堂→南大門跡→開山堂→金堂円隆《えんりゅう》寺跡→遣水《やりみず》→常行堂→洲浜と人並みに広大な池「大泉が池」を巡《めぐ》ることができた。所々で、同行者に操行を助けてもらった。

中尊寺は、山の上にある。リフトバスは、金色堂のある坂下まで案内してくれた。そこからは急坂が二〇〇メートルぐらい続く。《なんだこれしき》と意気込んで出発したが、東京から同行した介助員Sさんの手を借りてしまった。Sさんの手助けで、金色堂→不動堂→讃衡蔵《さんこうぞう》と坂道を進むことができた。中でも金色堂は、入り口にスロープがあり、遠慮なく拝観できた。

毛越寺、中尊寺はもとより、平泉町には、車いすトイレが適所《てきしょ》に配置《はいち》されていた。対象者には、これなら誰でも安心して出かけられる街だと断言《だんげん》しよう。(その数一〇カ所)。

一泊二日の旅だった。一行五人、宿泊施設以外の移動は、添乗員《てんじょういん》はじめサポーターやボランティアが、次々と手を差しのべてくれる。おかげで、みんなの不満は、日頃出かけた先々での宿泊施設の対応にしぼられた。

今回のぼくらの宿泊場所は、「いつくし園」という厳美渓《げんびけい》温泉でも最高級の和風《わふう》旅館《りょかん》だった。畳《たたみ》部屋と聞いただけで、不自由を連想。当初は、家に帰りたくなったものだ。しかし、それは、いらぬ心配だった。

部屋の段差解消《だんさかいしょう》のスロープ板が設置され、畳に布団ではなく、簡易ベッドも用意されていた。食堂は、スロープ板はもちろんのこと、テーブル・いすが用意されていた。要は、従業員《じゅうぎょういん》のみなさんがぼくらの立場に立って工夫し、もてなしてくれたということだ。名誉のためにいっておこう。

バスで移動していると、途中から「ワーキンググループメンバーの〇です」と名乗る人たちが、次々と乗って来て、行く先々でぼくらの手助けをしてくれた。

意見交換《こうかん》会には、各関係機関の代表、ワーキンググループのメンバー、地元の県立大学、主催局・一関地方振興《しんこう》局など、総勢三〇名が集まった。

関係機関は、主体的に問題を捉《とら》え、こぞって応援をしてくれそうだ。

高齢者や障がい者たちと人間的にふれあい感動を共有していこうとする姿勢《しせい》が見られた。人が人として大切にされる地域福祉《ちいきふくし》社会作りの方向性を示してくれたようだ。

世界遺産への登録は、二〇一一年六月、パリで開かれたユネスコ（国連教育科学文化機関）世界遺産委員会で正式決定した。関係されたみなさんの喜ぶ姿が目に浮かぶ。

女子高生八〇〇人の前でパーフォーマンスをやった

千葉市内のU文化女子高校から講話の話が入った。

演題は「なんでもしてやろう。なんでもやってみよう」とのこと。

即答はできなかった。若い女性たちの前に、車いす姿をさらけ出すには勇気が必要だった。

でも、以前から尊敬している学校長の依頼だ。恐る恐るＯＫサインを出してしまったのだから、やるしかない。

体育館の壇上に屈強な先生方に上げてもらい、生徒の集まりを待った。

全員が会場入りし、一斉に前からしゃがみこむと、後ろは座れないほどだ。少しずつ前に詰《つ》め、やっと全員座ることができた。なんと八〇〇人を超す集団だ。全員が実に清楚《せいそ》な服装だ。

話し下手なうえに、内容の乏しい話だが、実によく聞いてくれる。ぼくは、デジカメの映像を映しながら話をした。

・クォーターマラソンを完走したスナップ、バイスキー（手足の不自由な重度の身体障がい者が健常者の補助を受けてゲレンデを滑る）をしているスナップなどを提示。「スゴイッ」と歓声があがった。

・「私は手術をやるたびに悪くなり、もう二度と立つことも歩くこともできなくなりました」というと、あちこちからハンカチを出す姿が見られた。

・ラスベガスのネオンサインをバックに、一〇〇キロ近くの女性と肩を組んだスナップを提示。「私だって外国では女性に人気があるんだ」と言ったら、くすくす笑った。

・インドの幼女をひざに抱いたスナップ等を提示。「アベックのドライブ」と言ったら、笑顔が見えた。

・車いすから壇上に降り、手だけで車いすによじ登る一連の過程を見せると、何処《どこ》からともなく拍手がわき、やがて大拍手に変わった。

・左足を右足の膝の上に上げ、靴下を脱いだ。包帯に巻かれた足を見せ「包帯で締め付けておかないと血液循環が悪くなり、紫色にパンパンに腫《は》れ、血栓《けっせん》ができます。主治医からは酷《ひど》くなったら足を切断することになると脅かされています」と説明。再度ハンカチ姿が…。

「でも、動かない足も可愛いんだ。水虫の奴《やっこ》さんがちゃんとやってくるんだ」というぼくの言葉に、笑いがあふれた。

姫野《ひめの》カオルコさんが、先日、新聞で「笑うこと」に触れていた。

「この世でもっとも難しく、技術を要するのは、ヒトを笑わせることだ。そして、もっとも知力を要する行動は笑うことだ。鯨は笑わない。猿も笑わない。笑うという行動は、ヒトのみがおこなう。とりわけ、悲しみのなかのこっけい、こっけいのなかの悲しみを感知する能力は、知性の高さと完全に比例する」と。

話術の天才でもないぼくのことだ。どんなに努力を重ねても、一朝一夕では、上手な話し手になれないことは分かっている。

願わくは、聞き手が話の節々に、反応し、話し手であるぼくに、心地よいエールを送ってくれることだ。これが、なによりの激励であり、話に興を添える力となる。

U文化女子高校生は、さすがだ。まるでキャッチボールのように打てば響く反応だった。最後の拍手に「今日も、たくさん笑われたな。いや、むしろ笑われることは歓迎されたことなのだ」と思えてきた。

八〇〇人もの真っすぐな瞳と明るく爽やかな笑顔という得難い土産をいただき、意気揚々と帰路についた。

福祉マップつくりのひろがり　利用・作成

松江《まつえ》市　てくてくマップ

松江に出かけるきっかけは、パソコンで「ユニークな福祉《ふくし》マップ」を検索《けんさく》したからだ。早速、市観光文化課から「てくてくマップ（発行：松江市　協力：島根《しまね》ユニバーサルデザイン研究会）」を送っていただいた。マップを見て、各種《かくしゅ》の障がい者に対応していることが分かった。

公共施設案内《こうきょうしせつあんない》の他、観光施設・美術館・博物館など、障がい者が出入りする施設を詳細《しょうさい》に調べてある。また道路事情・交通機関のバリアフリー度にも触《ふ》れ、より多くの障がい者の外出を応援《おうえん》するものになっている。

ぼくは、そんな魅力《みりょく》的な地図を片手に街を散策《さんさく》したくなった。外堀沿いのカラコロ広場・カラコロ工房を覗《のぞ》き込み、殿町のホテルSに着いたのは一七時だったろうか。「夕食がてら明日お世話になる一畑《いちはた》電鉄を尋《たず》ねようか」と「てくてくマップ」をホテル前で広げていたら、「そのマップ、役立ちますか」と自転車を降り、問いかけてきた青年がいた。

彼はユニバーサル研究会のメンバーで、無理にいただいた名刺《めいし》には「技術士《ぎじゅつし》（都市及び地方計画）・一級建築士T」と書いてあった。こうした専門家たちが協力して作ったマップだけあり、新聞紙大の大きさの裏表《うらおもて》に、バリア情報《じょうほう》がふんだんに入っている。「車いすやベビーカーでの通行」「視覚障がい者と道」「交差点・地下道」などの情報もばっちしだ。

一畑電鉄「松江しんじ湖温泉」駅まで、城下町特有の鍵《かぎ》型通路は、地図上で三キロあった。県民会館前→県庁前→京橋《きょうばし》→須衛都久《すえとく》神社前→宍道《しんじ》湖大橋北詰《きたづめ》→温泉駅とバスの停留所を確認しながら進んだのは、帰り道、迷子《まいご》にならないためだ。

「出雲大社《いずもたいしゃ》に行くには九時二〇分発の特急が良い」「車いす大いに歓迎《かんげい》」という駅員の前向きな対応を聞き、翌日の大社行きが待ち遠しくなった。改札口幅、トイレを調査し、出口に向かった。

『最近整備された。景色がよい』とマップ上にあった湖畔の「千鳥《ちどり》南公園」に出たのは一七時三〇分を過ぎていた。公園沿いの国道四三一号には「車いす駐車場」「車いす専用のスロープ」「多目的トイレ」などが完備されていた。

マップには「接近《せっきん》情報を知らせる」「屋根あり」「椅子《いす》あり」の情報があった。市役所前のバス停には「楽《らく》のりバス停」がある。バスで移動がしたくなった。やがて車いすマークつきのバスが来た。乗車を躊躇《ちゅうちょ》していたら、「乗りますか」という運転手さんからの呼びかけあり。「ハイ」と返事をしたら、降りてきて対応してくれた。

「千葉から来ました。市内風景を楽しみたい」と言うと、「逆《ぎゃく》周りで時間が小一時間かかりますが、このまま乗っていますか」と言う。もちろんそうした。途中からお客が増えてきたが、バス停の通知のほかに近隣の案内までしてくれた。ぼくに向けられた案内だった。運転席前には「○○○○」というネーム板があった。

この旅では「行く先がわからなくなった」「トイレはどこだ」「歩道があるのか」などバリア情報が必要になる度に「てくてくマップ」を広げた。

明日の出雲大社、明後日の松江城・小泉八雲邸《こいずみやくもてい》などの市内名所めぐりも、てくてくマップを利用すれば、安心・安全な旅の続きになりそうだった。

夷隅郡《いすみぐん》市福祉マップづくり

ぼくは、国内をめぐる時は、事前に行く先から、出入り口の様子やトイレ事情を掲載《けいさい》した福祉マップをいただくことにしている。観光課や観光協会が対応してくれる。

ところが、房総半島《ぼうそうはんとう》旅行を計画する視覚《しかく》障がい者から、「対応マップを」と要望されたが、あいにく当地にはそのようなものはなく、応えることができなかった。

ぼくは車いすの目線《めせん》で、地元の福祉マップを作る決心をした。

先ず、全国の先進地マップの収集《しゅうしゅう》を始めた。理想《りそう》を追《お》えば、きりがない。「スタッフ」と「お金」で編集規模《へんしゅうきぼ》が決まってくる。一人で調査から配布《はいふ》までこなすのだから幼稚《ようち》なものしかできないことは分かっていた。でも、車いす者が一人でできる「マップづくり」の可能性《かのうせい》に挑戦《ちょうせん》したかった。

先ず、地元の御宿町《おんじゅくまち》を調査対象とした。駐車場、出入り口、室内通路、通信、昇降《しょうこう》、誘導《ゆうどう》、トイレ、盲導犬《もうどうけん》受け入れなど二七項目を調査することにした。役場、郵便局などを調べるうちに、車いすの身だからできることも少なくないことを確信。調子に乗って、御宿町から勝浦市《かつうらし》、大多喜《おおたき》町、いすみ市と調査範囲《はんい》を広げてしまった。調査期間を長くすると内容が変わってしまう。そこで三カ月（平成一三年三月一日〜五月三一日）と限定した。妻に作ってもらった握飯《にぎりめし》（食堂に必ず入れるとは限らない）

を車いすに縛《しば》りつけ、天気のよい日を見つけては、せっせと出かけた。

調査地域の近くに車を駐車し、一日五、六カ所ずつ一八〇カ所に出かけた。車いすで踏《ふ》みこんだ所の多さには自分でも驚く。それに、調査に協力を惜しまない人たちにも圧倒《あっとう》された。

「町立施設は、我が課で責任を持ってお答えします（某町保健福祉《ほけんふくし》課長）」

「調査協力しましょう（某町障害者福祉会）」

「福祉課長、応援《おうえん》頼む（某市助役）」

と、行く先々の対応や応援はありがたい限りだった。

過疎《かそ》地域は、バリアだらけとの仮説《かせつ》を持っていたが、外部からの利用者に胸を張って紹介《しょうかい》できる施設の多さにも驚いた。

しかし、これといった肩書《かたが》きのないシルバー車いす者を相手にしてくれない施設もあった。こんなときは、閉鎖的な態度にがっくりした。でも、がっかりしていても、なにもはじまらない。

次に《車いす者が一人で出入りできる施設》を条件に、選りすぐった一三九カ所を地図上にあらわすことにした。無料で印刷をしてくれるスポンサーを探してみたが、これも思うようにはいかなかった。

技術は劣《おと》るが、自分の腕を信じ、パソコンで原稿《げんこう》を作った。製本《せいほん》は出入りの印刷屋《いんさつや》に依頼《いらい》した。

こうして平成一三年度に《夷隅《いすみ》郡市福祉マップ》という拙本《せつほん》が誕生《たんじょう》した。

自費出版（A４版　一四ページ　一〇〇部作成）したマップは、夷隅郡市内の市町の福祉担当課・福祉協議会、老人保健施設、授産《じゅさん》所、介護《かいご》ステーション、特別支援《とくべつしえん》学校などに散歩がてら車で配《くば》った。

「寝たきりの老人が、マップのおかげでファミリーレストランに出かけた」とある介護ステーションから連絡を受けたり、旧岬町O町長さんから「町行政に生かしたい」という主旨《しゅし》の書簡《しょかん》を頂いた時は、飛び上がって喜んでしまった。実際には飛び上がれないので、たんに手を上げたに過ぎないのだが……。

その後、近隣《きんりん》の二小学校（夷隅《いすみ》市立浪花《なにはな》小、勝浦市立豊浜《とよはま》小）、三市町村（勝浦市、旧大原《おおばら》町、青森県岩崎《いわさき》村）の福祉マップづくりの仲間入りができたのも、自分が車いすだったからだろう。

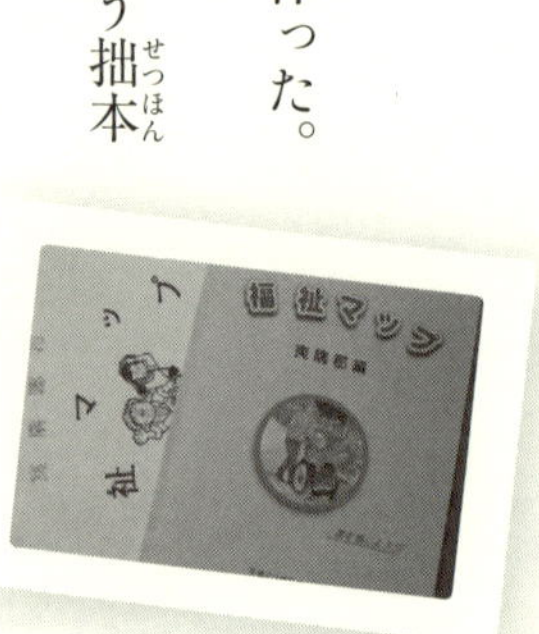

夷隅郡市福祉マップ

人と生まれて、誰かの役に立つのは、生きる喜びそのものだ。

夢は育てるもの

ハワイ自立センターのゴードン君

ハワイの自立センター（THE HARRY & JEANETTE WEINBERG HALE KUHA'O）にいるゴードン君をたずねた。彼は、二五歳前後の大学生・頚椎損傷《けいついそんしょう》・手足が動かず、電動車いす使用だ。

ゴードン君は、薄暗い廊下《ろうか》を自室前に案内してくれた。ショーの始まりだ。知らないうちにドアが開いた。両手でやっと持ち上げたカードをセンサーに当てたのだ。TYPICAL ONE-BEDROOM UNIT（一人部屋）は、カーテンが閉められたまま。しかも、窓が閉じられた室内は、異臭《いしゅう》が漂《ただよ》っていた。

奥のベッドルームからは、マイクが伸びていた。ゴードン君がマイクに近づき、「ワン　ツー　スリー　フォー　ファイブ………」

ゴードン君と

時間差をかけて呼称《こしょう》すると、それに連動。電燈が一個ずつ灯《とも》る。カードの向け方によって、遠くにある扇風機、エアコンが作動する。

室内には、生活必需品であろうパソコン、オーディオシステムなどが所狭《ところせま》しと並んでいる。

あまりにも室内が臭《くさ》いので「Can I open the window?（窓を開けましょうか）」と言ったら、「今日はカーテンが開かない」という。魔術師《まじゅつし》も故障にはお手上げのようだ。修理には、出入りのコントロール会社がテナントの組み換えに訪れるという。立てない・座れない・歩けないぼくの症状を察してか、トイレ、バスルームに案内し、独特の秘訣《ひけつ》を披露してくれた。以下、質問で分かったことだ。

・介護人は、朝・夕二時間ずつ訪れ、入浴・食事・ベッド・体移動などに当たる
・バスを利用し、通学（ハワイ大学）やショッピングなどに出かける
・ウイークディは大学へ。週末には、家族宅・友人宅へ行く
・門限はない
・ハワイ大学で法律の勉強をしている

「practice as a solicitor」「practice as a solicitor」、と、繰り返していることからして、やがては事務弁護士を開業したいのだろう。

自分の残存する身体的能力を最大限発揮し、できないところは、物的援助、他人援助を自分の判断で求めている。そして、障がい者の立場から、障がい者の自立を援助する弁護士になり、活動を続けたいという。

「失ったものを数えるな。残されたものを生かせ」と第二次世界大戦で障害を負った兵士らに英国のL・グッドマン医師は語りかけたという。

ゴードン君は、手足のほとんどが動かない重度障がい者だ。でも残された機能を最大限発揮し、社会貢献したいという大きな夢を持っていた。

どんな困難な中にあっても、希望と夢は育てられるものだと確信した。

地雷《じらい》にあったカンボジアの青年

地雷は、悪魔の兵器だ。カンボジアの場合、ベトナム戦争が激化しはじめた一九六〇年代にアメリカ軍特殊部隊が、カンボジア領内に地雷を埋めたのが地雷埋設の最初だといわれている。さらに長い内戦中に、政府軍とポルポト派の双方から四〇〇万～六〇〇〇万個もの大量の地雷が埋められた。負の遺産というべき対人地雷によって殺されたり、負傷する人々は現在も後をたたない。国際社会の支援も受け、地雷除去作業はいまも続けられている。

カンボジアでは、安全確認のない森や空き地に足を踏《ふ》み入れることはタブー視されている。いまなお、取り残された地雷で、一瞬《いっしゅん》にして手足をなくす青年たちが、後をたたない。ぼくは、そんなカンボジアに青年たちに会いに行きたくなった。好奇心《こうきしん》で会うのではない。同じ障がい者として、励まし合いたいと思ったのだ。

アンコール遺跡群《いせきぐん》のあるシェムリアップを訪問したのは、雨季《うき》の終わりにあたる一二月のことだった。巨大《きょだい》なガジュマルの木々に押しつぶされた仏教寺院(タ・プローム)観光の帰り道に、介護者《かいごしゃ》のチェット君の計らいで障がい者に会うことになったのだ。

訪問すると、南国特有のエキゾチックな打楽器を奏で、代表曲(カマ・クルやチョン・チェバ等)を楽しそうに演奏《えんそう》していた。楽団員たちをよく見ると、それぞれ、手足を損傷《そんしょう》していたが、少しもそれを感じさせない。

膝《ひざ》からの義足をつけた四〇歳くらいの「K」君は、木琴を奏でる手を止め、話をしてくれた。同行したチェット君とK君の対話は、現地語で通用するが、ぼくとの会話は手振り身振りからの推測《すいそく》となる。当初は、三人の意思疎通《いしそつう》は、しっくり行かなかった。

ぼくは、自分の下肢完全麻痺状態《まひじょうたい》を運動感覚両面にわたり、動作化《どうさ》して見せることにした。自分より重症《じゅうしょう》と感じたからだろうか、K君の表情が和らぎ、ぼくの質問《しつもん》にも次々と答えてくれた。

「田んぼに水を取り入れようと森林に入り、地雷に遭遇《そうぐう》。意識《いしき》が戻った病院のベッドで、左足関節《かんせつ》から先がないことを知った。何も悪事《あくじ》をしてないのにと悲観《ひかん》した。」やがて、「国立リハビリテーションセンターで義足《ぎそく》を作り、歩行訓練をした。将来は、支援《しえん》・地雷《じらい》対策を考える国際的組織《こくさいてきそ》のNGOに加入し、活躍《かつやく》したい」という。

「R」君という三〇代の青年は、左手の関節部分から先が欠けていた。握手《あくしゅ》した左手は、ふだん使っていないのかブヨブヨ。働《はたら》き盛りの成年男子の手には程遠《ほどとお》い。

「ぼくは、燃料《ねんりょう》の枯れ木を拾いに行き、地雷に遭遇した。両手、顔面の被害《ひがい》にあった。

治療で、左手以外は元通りになった。片手だけだったことに感謝している。いつかバイクを運転してみたい。将来の夢は、パソコン・エンジニアになることだ。」

K君やR君は、瞳を輝かせて、それぞれの将来の夢を語ってくれた。この街で立派に生き抜いている彼らの姿は、雄弁な言葉以上のことを物語っていた。

不運を嘆くどころか、それぞれ与えられた環境で、精一杯がんばっていた。

どんな境遇や条件があっても、「未だ夢は持てる」というメッセージは強力だ。ぼくもしっかり受けとめた。

発明家への道　実用新案権《じつようしんあんけん》に挑戦《ちょうせん》

中国・台北市《たいぺい》で、「障害者施設・陽明院《ようめいいん》」の子どもたちと遊んでいた時のことだ。テニスボールが、屋根の雨どいにすっぽり入ってしまった。近くには、梯子《はしご》がない。あってもぼくには利用できない。棒で突《つ》いてもダメ。振動《しんどう》の利用をと大きなボール（バレーボール）を投げつけてみたがダメ。

成田《なりた》空港へ帰る機内は、雨樋掃除《あまどいそうじ》のグッズ研究にとりくんだ。機内用ゴミ袋を裏返《うらがえ》し、試作品《しさくひん》の設計図描《せっけいずか》きに夢中になったものだ。お陰で、三時間はかかる成田にあっという間に着いた。

自宅に帰り、廃品《はいひん》になった釣竿《つりざお》の先に、針金《はりがね》やプラスチックをつけ試作品を作り上げた。自称「伸縮自在《しんしゅくじざい》雨どい掃除具」なるものができあがった。

早速、東京の特許庁《とっきょちょう》へ電話した。

「特許を申請《しんせい》したいのですが」

「千葉県には出先機関がありますよ。県庁内に《千葉県知的所有権《ちてきしょゆうけん》センター》という所があります。そこを訪ねてください」

それならと、日をあらためてセンターを訪ねた。

そこで分った手順は

・知的所有権センターで、パソコンなどを使い、特許に値するか吟味《ぎんみ》する。それに値するようなら、申請書類を作成する。その際、弁理士《べんりし》に書類作成を依頼すると良い。

手数料一〇五〇〇〇円、印紙代二〇六〇〇円が必要である。

・書類を、発明協会に提出《ていしゅつ》するということだった。

センター職員のNさんは、日を改めて、わが家まで指導に来てくれた。お礼をいうと「貴方が特別ではない。依頼《いらい》があればどこにでもうかがう」とのお答に、ほっとした。

Nさんは、ぼくの発した「屋根、雨どい、ゴミ、掃除、機器」の言葉をパソコンで検索。七〇近くの件数がヒットし、その中から七件をプリント。《雨どい掃除機》の全容《ぜんよう》は分かったがいずれもぼくの試作品より、機能的《きのうてき》に数段すぐれているものばかりだった。ここで、ぼくの実用新案権《じつようしんあんけん》（特許権により保護《ほご》される発明より技術レベルの低い小発明）への夢は、あえなく泡《あわ》となって消えてしまうことになった。

しかし、ここでめげてしまっては、ぼくらしくない。第一、未来永劫に大発明家にはなれないだろう。見てろよ！　だ。

いま、あっと驚《おどろ》くような実用新案権（ここに書くと、未公開・盗作《とうさく》の危険性《きけんせい》あるので詳細はパス）が浮かび上がっている。

発見・発明の喜びは得難いものだ。ぼく自身だって、失った機能を、残された機能で、すこしでもカバーできないかを毎日真剣《しんけん》に考えている。

一日中発明に没頭していると「ちょっとした発明家」になったような錯覚《さっかく》をおこす。

結果はともあれ、生活の合理化を図ろうと、自分なりにものを工夫するには、前向き・意欲的にならざるをえない。

　発明は、人生に生きがいを与えてくれる活性剤だ。

自作ホームページの開設

《Yahoo のカテゴリー》→《生活と文化》→《障害者》→《体験記》の登録サイトを検索《けんさく》してみた。これが素人作成のホームページには思えない。そのでき映えにびっくり。カテゴリー入りしている作品は、いずれも、タイトル、見出しが斬新《ざんしん》だ。カラー写真あり、動画ありで、読み始めると、途中でやめることができないほど充実してる。こんなホームページが創《つく》れたらいいなあと思った。

　途端に、自作ホームページをつくる意欲がわいてきた。幸《さいわ》い、パソコン《すべてのプログラム》内に《IBMホームページビルダー7ライト》というのがある。そこで《ホームページの基礎知識《きそちしき》》《ホームページビルダーの基礎知識》を学んだ。つくり始めると、タイトルだけでも、大きさ、字形《じけい》、配色などいろいろと工夫できる。写真一枚の取り込みだけでも、色具合、明暗《めいあん》、部分強調《ぶぶんきょうちょう》、文字入れなどの変化があり、作る楽しみがある。
ホームページとはこんなものかと分かってはいたが、本気で作ろうとすると、その先に進めない。それなら技術を身につけるしかない。近くのパソコン教室に仲間入り。時間をかけ、一つ一つを学ぶことにした。でも、家に帰りひとりで復習しても、パソコンが違うせいか思うように進まない。そこで、進まない時は、先生に出張指導をお願いした。

こんな時代だ。生きにくく・くらしにくい格差社会のなかで重荷を負って生きている方がたも少なくない。ぼくは、「ホームページ」が、こうした人々へのエールとなり、元気を取り戻す一助になればと思い、ホームページの作成に取りかかった。でも、六〇歳代後半（当時）ともなれば、なかなか頭の回転《かいてん》が思うようにはいかない。

ホームページの内容には、元気を取り戻す手が必要だと考え、ぼくは次の四手を挙げることにした。

①見方を変えてみる手
②何でもしてみる手
③役立つことを探す手

④謝意を表す手

・その他　福祉マップ（自作の福祉マップ、協力した福祉マップ）

・自作本の紹介・ルポタージュなどを中心に構成

こうして、一年がかりで一応の体裁《ていさい》が整い、六八歳の誕生日（二〇〇四年一〇月二二日）にアップロードできた時の気分は最高だった。

ホームページを月単位で更新《こうしん》、改訂《かいてい》をするのは、思ったより大変なことだ。内容提示《ていじ》の是非《ぜひ》、写真のアップロード、リンク方法などの更新・改訂をする度に、高年齢のせいか忘れてしまうのだ。そこで、頭の体操が始まった。備忘録《びぼうろく》を頼《たよ》りに、いろいろなキーを叩《たた》く。そして成功の暁《あかつき》には、キーの順序を備忘録に急いでメモする。でも、備忘録を見ても再現《さいげん》できない部分も多々《たた》ある。

ホームページの作成過程は、パソコンを科学的に観察《かんさつ》でき、処理《しょり》する能力《のうりょく》を養《やしな》う過程そのものだ。ホームページ作りは、時間の経《た》つのを忘れてしまうほど楽しい。（拙ホームページアドレス http://www.geocities.jp/takinaka1022/）

現在は、目が覚めるとパソコンに向き合うのがぼくの日課だ。メールが届いているか？　今日はどんな書き込みをしようか？　などと考えながら半日を過ごす。これも悪くない。

息を引き取る前日まで加筆を続けるのが、ぼくの最大の夢だ。

あとがき

ぼくは、後期高齢者の仲間入りをした七五歳の老人だ。

立てない、歩けないという難病《なんびょう》にかかって、すでに三八年たつ。病後二〇年近くは、何とか歩けるようになりたいとがんばった。でも悪くなるばかりだった。とうとう一生車いす生活者になってしまった。主治医からの再起不能の宣告は、さすがにショックだった。なにもかも投げ出したいほど人生が厭《いや》になった。

足がブラブラになり、家の中に半年以上ひきもったりもした。

しかし、小さなきっかけを力に、残された日々、《余生《よせい》》《余命《よめい》》だけの人生から抜け出すことを考えた。

どんなにささやかな楽しみも自分で感じ取り、実行した。いまでは、どこに行っても平常心《へいじょうしん》でいられる。

アメリカでは、障害者を「挑戦《ちょうせん》する機会《きかい》を与えられた人」という意味で「チャレンド」と呼ぶそうだ。ぼくも、《自分の障害も神様から与えられた使命《しめい》なのだ。何とかがんばろう》と、自力で立ち上がり、立ち直りの手段《しゅだん》を考え続けてきた。だから、どうにかチャレンドの仲間に入れてもらえそうだ。やる気さえあれば、どんなバリアにも挑戦できそうだという自信がわいてきた。「和製《わせい》チャレンド」の気持ちでいっぱいだ。

もちろん、それらは、自分の努力だけでは達成《たっせい》できない。ぼくの日常は、他人の援助抜きには考えられない。行く先々で《階段を上げてもらう》《扉を開けてもらう》《……》の連続。たくさんの方々の援助・心くばり・支えがあってこそできることだ。

人間とは、人と人の間と書く。人と人の関わりによって存在している。ぼくは車いす生活になって、人は、独りでは生きられないことを知った。逆に、足ブラブラ人間のぼくにも、世の中に役立つことがあることも分かった。こんなぼくを必要としている人もいるのだ。ぼくの力が求められる限り、さまざまなボランテアを続けていくつもりだ。

ただ、ぼくはいま、エコノミー症候群《しょうこうぐん》という病気が進行《しんこう》している。主治医《しゅじい》からは、もう少しひどくなったら足の切断《せつだん》を進められている。

でも、そうなっても、ぼくは必ず、自分なりの立ち上がり方を見つけるつもりだ。人生の幕を下ろすその瞬間まで、自己実現をめざして成長し続けたい。

自分だけの楽しみを味わいたい。立ち上がるのに他人よりどんなに時間がかかっても、どんなにみにくい立ち上がり方でもいい。一日一日は小さな積み重ねだが、実際に経験できること・生きることを楽しみ、人との関わりを大切に、ぼくらしく生きていくつもりだ。

そんな姿勢・気力は、中学校・高等学校時代の苦《にが》い経験や車いすになってから身につけ、学び取ったぼくの生き方そのものだ。

立てない・座れない・歩けない人間でも、落ち込んでいる人・元気のない人に向《む》かっては、「大切な人生、あきらめるな」と大声で叫びたい気持ちでいっぱいだ。中学生・高校生のみなさんには、「未来は君たちのものだ」「あきらめずに、一歩一歩行こうぜ」と、肩をたたきたいと思う。

この本を出版《しゅっぱん》するにあたり、諏訪《すわ》中央病院名誉《めいよ》院長・鎌田實《かまたみのる》先生から身に余るお言葉をいただきました。

さらに、本の泉《いずみ》社の比留川洋社長・持田美津子・寺田朋子氏にお世話になりました。感謝の気持でいっぱいです。

二〇一二年四月吉日

房総《ぼうそう》の静郷《せいきょう》にて　滝口仲秋

著者プロフィール

滝口仲秋

（たきぐち・なかあき）

1936年　千葉県いすみ市岬町（みさきまち）生まれ。教職（きょうしょく）につく。30歳代半ばに、難病（なんびょう）脊髄腫瘍（せきずいしゅよう）に侵（おか）され、4回の大手術をほどこす。両足が完全マヒの車いす生活者になり、途中で仕事を辞（や）める。

現在、残された機能をフルに使い、ボランティア活動、相談員活動、講演にいそしむ。

主な執筆書名

『夷隅郡市福祉マップ』（自費出版）

『足がだめでも手があるさ　生きる力とはなにか』（日本図書センター）

『自立への旅－今日も1漕ぎ－　生きる力とはなにか』（本の泉社）

『立てない。座れない。歩けなくなって…生きる力とはなにか』（本の泉社）など

テレビ出演

『生きるを伝える』　2012年3月10日　テレビ東京

『にんげんゆうゆう』2000年7月17・18・25日　NHK教育テレビ　など

中学生・高校生の君たちへ
あきらめないで行こう

2012年4月30日　初版第1刷
著　者　滝口 仲秋（たきぐち　なかあき）
発行者　比留川 洋
発行所　株式会社 本の泉社
〒113-0033　東京都文京区本郷2-25-6
TEL 03-5800-8494
FAX 03-5800-5353
http://www.honnoizumi.co.jp
印　刷　音羽印刷株式会社
製　本　株式会社　難波製本

ISBN 978-4-7807-0697-0